일의 온도 : 진심을 다해 나답게 일하는 사람들의 이야기

일의 온도: 진심을 다해 나답게 일하는 사람들의 이야기
초판 1쇄 발행 2025년 5월 23일

지은이 : 유신애, 하상미, 조현민, 이동옥, 강선아
발행인 : 박요철
편집장 : 박요철
편집 : 정은진
디자인 : 안은정

펴낸 곳 : 비버북스
출판신고 : 2024년 8월 14일 제 2024-000104호
주소 : 경기도 성남시 분당구 서현로478번길 7
문의 : hiclean@gmail.com
ISBN : 979-11-988900-6-1 (03810)
값 15,900원

이 책은 저작권법에 의해 보호받는 저작물이므로 무단 전제와 무단 복제를 금지하며 이 책 내용의 전부 또는 일부를 인용하거나 발췌하려면 반드시 저작권자와 비버북스의 서면 동의를 받아야 합니다.

파본이나 잘못된 책은 구입하신 곳에서 바꿔드립니다.

이 도서의 국립중앙도서관 출판예정도서목록(CIP)은 서지정보유통지원시스템 홈페이지(scoji.nlgo .kr)와 국가자료공동목록시스템(www.nlgo.kr/kolisnet)에서 이용하실 수 있습니다.

목차

프롤로그   10

1부. 유신애의 온도   16
친절한 애니씨로 사는 법
단어 시험을 보지 않는 영어 학원
교사에서 사업가로 가는 길

2부. 하상미의 온도   66
드림팀의 시작
브랜드가 된다는 것은
이름에 걸맞는 삶을 사는 법

3부. 조현민의 온도   112
더 행복한 전기차 생활을 위하여
아이폰을 대수롭지 않게 생각하던 사람들
사람을 잇는 연결력

성장 가능한 지속성

4부. 이동옥의 온도　　　　　　　　　154
병원 원장도 치과 치료가 무섭습니다
따뜻한 치과를 만드는 작은 실천들
좀 더 나은 치과를 위한 우리의 노력

5부. 강선아의 온도　　　　　　　　　196
발달 장애아를 위한 초록나라를 아시나요?
12번의 이사
새로운 사업을 시작한 이유

에필로그　　　　　　　　　　　　　232

프롤로그

프롤로그: 일과 삶, 그 균형을 찾아서

우리는 살아가면서 수많은 역할을 부여받습니다. 가정에서는 부모이자 배우자로, 직장에서는 동료이자 리더로, 사회에서는 구성원으로서의 책임을 수행해야 합니다. 그러나 이 모든 역할을 수행하면서도 정작 '나'다운 삶을 살고 있는지 고민하게 됩니다. 일은 단순한 생계 수단을 넘어 우리의 삶을 의미 있게 만드는 중요한 요소입니다. 하지만 과연 우리는 얼마나 진심을 다해, 그리고 나답게 일하고 있을까요?

이 책은 그런 고민 속에서 출발했습니다. '일'은 단순한 노동이 아니라, 자신만의 방식으로 가치를 창출하고, 삶의 온도를 조절하는 과정입니다. 그리고 그 과정 속에서 우리는 성장하고, 더 나은 삶을 향해 나아갑니다. 『일의 온도; 진심을 다해 나답게 일하는 사람들의 이야기』는 다양한 분야에서 자신만의 방식으로 일하는 사람들의 이야기를 담고 있습니다.

'일의 온도'란 무엇인가?

온도는 감각적이고 주관적인 요소입니다. 같은 기온이라도 어떤 이에게는 따뜻하게, 또 어떤 이에게는 차갑게 느껴질 수 있습니다. 일의 온도도 마찬가지입니다. 누군가에게는 뜨겁고 열정적인 일이, 또 다른 이에게는 차갑고 부담스러운 노동이 될 수도 있습니다. 우리는 각자의 방식으로 '적정한 온도'를 찾아가야 합니다. 너무 뜨거워서 소진되지 않도록, 너무 차가워서 무기력해지지 않도록 말입니다.

책 속의 주인공들은 다양한 방식으로 일하고 있습니다. 영어 학원을 운영하며 아이들의 성장을 돕는 사람, 판촉을 단순한 판매가 아닌 '예술'로 승화시킨 사람, 전기차 산업을 통해 새로운 생활 방식을 제안하는 사람, 치과 의사로 타인의 건강을 돌보는 사람, 발달지연 아동을 돕는 사람까지. 그들이 선택한 길은 다르지만, 공통점이 하나 있습니다. 그들은 모두 자신의 일에 진심을 다하고 있다는 점입니다. 진심을 다해 일한다는 것은 단순히 열심히 하는 것과는 다릅니다. '잘하는 것'과 '좋아하는 것', 그리고 '사회의 필요'를 조화롭게 맞추어 자신만의 가치를 만들어가는 과정입니다. 이 책은 그 과정을 담담하게 풀어내면서도, 동시에 독자들에게 스스로의 일을 돌아보게 합니다.

우리는 어떻게 '나답게' 일할 것인가?

이 책을 통해 우리는 단순히 일의 기술을 배우는 것이 아닙니다. '일하는 태도'에 대해 생각해보는 시간이 될 것입니다. 때로는 치열하게, 때로는 유연하게. 누군가는 안정된 환경에서, 또 누군가는 도전을 멈추지 않으며. 중요한 것은 타인의 기준이 아니라, 내가 원하는 방식으로, 나에게 맞는 온도로 일하는 것입니다. 이 책을 덮을 즈음이면 독자 여러분도 스스로의 일에 대해 한 걸음 더 깊이 이해할 수 있기를 바랍니다. 그리고 '어떻게 나답게 일할 것인가?'라는 질문에 대한 답을 조금이라도 찾아가기를 기대합니다. 우리의 일이 단순한 생계가 아닌, 삶을 의미 있게 만드는 과정이 될 수 있도록 말입니다. 그러니 이 여정에 함께해 주세요. 각자의 자리에서 자신의 온도를 찾고, 그 온도로 세상을 조금 더 따뜻하게 만들어가는 길에 동행할 수 있기를 바랍니다. 여러분이 이 책을 읽으며 자신의 일과 삶을 더 깊이 이해하고, 앞으로 나아갈 방향에 대한 작은 힌트를 얻을 수 있기를 진심으로 바랍니다.

1부. 유신애의 온도

25년간 영어 교육 현장에서 아이들과 함께해온 저자는 '느리지만 제대로 배우는 법'을 고민해온 동네 학원 원장이다. 시험 위주의 교육 대신, 아이들이 스스로 읽고, 말하고, 쓰며 생각하는 힘을 기를 수 있도록 돕고 있다. 정서적으로 불안정하거나 무기력한 아이들에게도 성장을 믿어주는 어른이 되고자, 오늘도 아이들과 마음을 나누고 있다.

유신애의 프롤로그

25년을 쉬지 않고 달려왔어요. 생계를 위해 시작한 일이었지만 이젠 아이들을 만나지 않는 나의 삶을 상상할 수 없는 지경이 되었네요. 처음엔 아이들과 함께하는 시간들이 쉽지 않았지만 시간이 흐를수록 아이들과 함께하는 시간이 나를 충만하게 해줌을 느끼게 되었어요.

시험만을 목표로 공부하는 아이들의 안타까운 모습을 보고 아이들이 영어를 언어로써 습득해 나갈 수 있도록 돕겠다는 의지가 생겼어요. 그리고 시간이 좀 더 흐른 후 아이들이 배움에 대한 의지가 사라지고 무기력해지는 모습을 보았어요. 그때부터는 시험을 위한 빠른 공부와 아이들의 뇌를 망가뜨리는 많은 양을 무조건 주입하는 방식을 철저히 배제하려 노력하기 시작했어요. 천천히, 제대로, 다른 것의 방해를 받지 않고, 온전히 아이들이 자신들의 뇌를 사용하여 생각을 할 수 있는 방식을 연구 했어요. 게다가 아이들은 마음이 편해야 배울 수 있다는 믿음이 있기에 아이들과 충분히 소통하는 수업을 만들어가고자 노력해 왔어요.

소위 시스템으로 돌아가는 대형학원에선 절대 불가능한 학습 방법들이예요. 그래서 처음엔 선생님들이 좋아하지 않았어요. 아이들의 능동적인 생각을 끌어내는 과정은 쉽지 않기 때문이죠. 아이들도 무조건 빡세게 시키는 학원에 비해 적은 양을 공부하는 것을 불안해 하기도 했어요. 공부하는 양에 대한 불안함은 있으면서 정작 능동적으로 깊이 생각해서 문제를 해결해 나가는 것은 피하려 했어요.

그래도 많은 양을 빠르게 무조건 머리 속에 집어넣는

방식으로 아이들의 뇌를 망가뜨리고 싶진 않았어요. 그래서 최소한의 도구인 책과 공책으로 읽고 생각하고 말하고 쓰는 과정 안에서 선생님도 아이들도 창의력을 발휘할 수 있는 시간을 만들어가고 있어요.

대형학원들은 빠른학습을 잘 소화해내고 점수를 잘 내고 성과를 올릴 수 있는 아이들만 사전 테스트를 통해 모집하고 입시성과를 자신들의 성과라고 홍보하죠. 그 안에서 아이들은 한 부속품이 되어 기계적으로 공부를 하게되구요. 자본주의 환경 속에서는 크게 수익을 내지 못하면 능력 이 부족한 사람이 되어버리기에 늘 내적 갈등이 있어왔어요. 남들이 다 하는 좀 더 쉬운 방법을 택해야 할지 나의 소신대로 계속 나아갈지 고민을 하던 시절도 있었지만, 이제 아이들의 영혼을 어루만져 주고 느려도 할 수 있다는 믿음을 주는 동네학원을 운영하고 있음에 자부심을 가지려 해요.

사실, 느린 아이들, 정서적으로 불안정한 아이들, 무기력한 아이들에게 조금이라도 활기를 불어넣는 과정은 쉽지 않아요. 그럼에도 불구하고 우리의 노력이 조금이라도 아이들의 건강한 미래에 도움이 된다면 이 일은 충분히 해볼만한 가치가 있는 일이라 생각해요.

자녀교육에 대한 깊은 고민 없이 학원만 옮겨다니는 부모님들, 아이들의 마음이 편해야 잘 배울 수 있다고 아무리 얘기를 해드려도 불안함을 아이들에게 전가하는 부모님들, 내 아이를 바라보지 않고 주변만을 바라보며 비교에서 오는 불안함에 방향을 잡지 못하는 부모님들을 만날때면 너무나 안타까워요. 이런 부모님들과의 소통으로 아이들에게 찾아올 무기력을 예방하는 것도 우리가 할 수 있는 일이라 생각해요.

모든 것이 돈으로 돌아가는 세상이지만 대다수의 보통 아이들에게는 꺾이고 좌절하기 전, 성장할 기회가 우선적으로 주어져야 한다고 생각해요. 작은 동네학원에서 아이들의 영혼과 소통하면서 무기력함에 아이들의 성장이 멈추지 않기를 소망합니다. 그래서 오늘도 아이들과 읽고 생각하고 이야기 나누고 써봅니다.

친절한 애니씨로 사는 법

아이들에게 영어를 가르쳐온 지 어느새 서른 해를 지나고 있습니다. 하지만 제게 학원 운영은 여전히 어려운 숙제입니다. 무엇보다 심각한 문제는 학생들의 수, 그 자체가 줄고 있다는 사실입니다. 2027년에는 초등학교 입학생 수가 20만 명 아래로 떨어진다고 합니다. (참고로 제가 초등학교를 다닐 때만 해도 그 수가 100만 명이 넘었습니다) 요즘은 6학급이었던 학교가 서너 학급으로 줄어드는 초등학교가 적지 않습니다. 서울 외곽이나 경기

남북부의 외진 곳을 가보면 이런 현상은 더욱 두드러집니다. 저 역시 이곳 용인에서만 15년 이상을 운영했지만 이렇게 학원 운영이 어려운 적은 없었던 것 같아요.

'프렌들리 애니'의 시작

제 나이 27살에 처음으로 공부방을 시작했습니다. 그즈음 저는 첫째를 낳은 후 산후조리를 하고 돌아왔다가 바로 둘째를 임신하게 되었습니다. 이렇게 연년생으로 아이를 가지게 되니 학부모들에게 미안해서 공부방을 더 할 수가 없겠더군요. 그래서 그만두겠다고 학부모들께 말씀드렸습니다. 그러자 한 어머니가 수업 중에 우리 애들을 돌봐주시겠다고 하시더군요. 월수금은 수업을 하고 화목은 육아에 집중하라는 제안이자 부탁이었습니다. 아마 그때 학원 일을 그만두었다면 지금의 저는 없었을 겁니다. 그래서 결심했습니다. 제가 받은 도움을, 아이들을 가르치는 것으로 조금씩 갚아가겠다고 말입니다.

그렇게 일을 지속하게 된 저는 열심히 일하며 연년생

을 키워왔지만, 사춘기에 접어든 아들의 방황이 시작되었습니다. 너무나 힘들고 고통스러운 나머지 아이가 방황하는 동안의 일들과 제 생각과 감정들을 1년 넘게 기록하게 되었습니다. 분명 저 같은 부모들이 어딘가에 있을 거란 확신이 들었습니다. 책을 통해 그분들의 이야기 친구가 되고 싶다는 생각이 들었습니다. 그런데 신기한 일이 일어났습니다. 아들에 관한 이야기를 기록하다 보니 이전엔 미처 몰랐던 아들의 마음을 알게 되고 저 자신을 돌아보기 시작했습니다. 심지어 아들에게 '고맙다'는 생각이 들기까지 했습니다.

그때까지만 해도 저는 제 삶에 대해 굉장히 틀에 박힌 생각을 하고 있었습니다. 행여라도 저만의 기준과 형식에서 벗어나면 큰 일이 벌어질 것처럼 걱정하는 삶을 살고 있었습니다. 그런데 우리가 정상적이라고 생각해 왔던 트랙에서 벗어난 아들을 보며 생각했습니다. 우리가 생각하는 기준과 틀도 세상이 변하면서 바뀌어야 한다는 것을 말입니다. 그리고 정말 힘들고 어려울 땐 '엄마, 나 힘들어요'라고 얘기할 수 있는 아이가 더 건강하다는 사실을 깨닫기 시작했습니다. 그런 깨달음을 준 아들이 어느 날 문득 고맙게 느껴졌습니다. 그리고 저의 기록은 세상에 '아들아, 방황해서 고마워'라는 책으로 출간되었습니다.

아들아, 방황해서 고마워

그때부터 저는 저의 아이들뿐만 아니라 제가 가르치는 아이들에게 친절하고 친근한 어른이 되어야겠다는 생각을 하기 시작했습니다. 이 마음을 변치 않고 지켜가기 위해 스스로에게 '프렌들리 애니(Friendly Annie)'라는 이름도 붙여주었습니다. 하지만 따뜻하고 친절한 이야기 친구 같은 사람이 되기 위해서는 가장 먼저 나 자신을 알아야 했습니다. 제가 좋아하는 것, 제가 원하는 것, 제가 잘할 수 있는 것들을 알고 실천하면서 저 스스로가 먼저 행복한 사람이 되고 싶었습니다. 저 자신이 먼저 행복해야 타인에게 친절을 베풀 수 있고 도움도 줄 수 있다고 생각했기 때문입니다.

그렇다면 나를 알아간다는 것은 무엇을 뜻하는 것일까요? 그것은 내가 좋아하는 것, 내가 싫어하는 것, 내가 힘을 얻을 수 있는 그 무엇에서부터 시작되어야 한다고 생각했습니다. 그래서 저는 그 이전에 해보지 않았던 일들을 하나씩 시도해 보기 시작했습니다. 여러 새로운 일들을 도전하다가 제가 달리면 행복해진다는 사실을 알게 되었습니다. 저 자신을 알아가기 위해 아침 일찍 일어나 책을 읽고 글을 쓰는 시간을 가지고, 좁은 생활의 틀에서 벗어나기 위해 다양한 사람들을 만나 삶에 대해 얘기를 나누곤 했습니다. 그러던 와중에 젊은 사람들의 권유로 우연히 달리기를 시작했습니다.

내가 마라톤을 시작한 이유

저는 오랫동안 고혈압으로 고생해 왔습니다. 그러나 달리기를 시작하면서 달리기가 고혈압을 포함해 많은 질병의 완화나 몸의 약한 부분의 강화에 좋은 운동이라는 사실을 알게 되었습니다. 올해로 달리기 6년 차인데, 고혈압 증상도 완화되고, 목디스크 증상도 거의 없어졌습니다. 그런 효과를 직접 경험하면서 저는 꾸준히 달리는 습관을 만들어 갔습니다. 처음엔 1킬로도 못 달리던 저는 2킬로, 3킬로, 그리고 어느 날 5킬로를 쉬지 않고 달릴 수 있게 되었고, 내 생애 상상할 수 없었던 10킬로미터도 달릴 수 있는 사람이 되었습니다.

달릴 수 있는 거리가 늘어나면서, 숨이 턱까지 차오르지만 견디고 끝까지 달려내는 희열을 느낄 수 있었습니다. 그리고 조금씩 나 자신에 대한 믿음이 커져갔습니다. 급기야 저는 하프와 풀코스 마라톤에도 도전하게 되었고, 이제는 스스로를 마라토너라고 자신 있게 말할 수 있게 되었습니다. 저는 아주 천천히 달리는 마라토너이지만, 일 년에 한 번 마라톤 풀코스를 달려내면서 내가 내 삶의 주인으로 무엇이든 할 수 있겠다는 자신감을 얻고 있습니다. 우연히 발견한 달리기의 성험을 통해 나를 행복하게 하는 달리기로 내 일도, 일상도 달라질 수 있다는 희망이 생겨났습니다. (최근에는 산악 마라톤도 시작했습니다)

그리고 문득 이 좋은 경험을 아이들과 함께 나누고 싶다는 생각이 들어 제가 가르치는 아이들과 주말 오전에 만나서 학원 근처를 달려 보기도 했습니다. 사람은 몸을 움직이면 뇌까지 함께 활성화된다고 합니다. 처음에는 귀찮다고 짜증을 내던 아이들이 하나둘 저를 따라 달리기 시작했습니다. 저는 그렇게 아이들에게 조금은 더 친근하고 친절한 선생님으로 변해가기 시작했습니다. 요즘은 지속하지 못하고 있지만, 당시에는 토요일 오전 8시에 친구들과 만나서 쓰레기를 주우며 함께하는 달리기(플로깅)을 진행하기도 하고, 달리기 기부 앱을 깔아서 우리가 달린 걸음 수만큼 기부를 하기도 했습니다. 그리 오래 지속하지 못했지만 시간이 지나도 그 기억은 친구들에게 특별한 추억이 되었고, 주말에 가족들과의 걷기나 달리기로 이어지기도 했습니다.

교실 속 '투명 인간'을 아시나요?

우리 주변의 아이들은 지금 행복할까요, 아니면 불행

할까요. 만일 마음이 어려운 아이들이 있다면 무엇으로 가장 힘들어하고 있을까요. 놀랍게도 우리 아이들은 공부만큼이나 자신의 존재 자체에 대한 고민을 많이 합니다. 많은 아이가 학교에서 공부를 잘하거나 특별히 잘하는 것이 없으면 스스로를 '투명 인간' 같다고 이야기하곤 합니다. 집에서도 공부 때문에 야단만 듣는 아이들이 많습니다. 이런 경우 불안감은 더욱 커지게 마련입니다. 이런 부모들을 만날 때마다 제가 한결같이 하는 말이 있습니다. 아이들은 마음이 편해야 제대로 배울 수 있고, 특히 사춘기에 접어들면 부모와의 관계가 아이들이 공부하는데 중요한 역할을 한다는 것이죠.

사춘기에 부모와의 관계가 나빠지고 불안정한 감정 상태를 가지게 되면 공부가 어려워집니다. 하지만 부모와 좋은 관계를 유지하고 부모의 지지를 받으며 어려운 시기를 보낸 아이들은 때가 되면 하고 싶은 공부를 이어갈 수 있습니다. 하지만 부모님 중 많은 분은 조바심을 버리지 못하시죠. 그중 몇몇 분들만 그런 사실을 받아들이시고, 아이와의 편안한 관계를 위해 노력하셔서 사춘기를 잘 보냅니다. 우리나라의 대학 진학 위주의 교육시스템 안에서는 부모님들도 아이들도 쉽게 불안함을 느낄 수 있다는 것을 누구보다 잘 알고 있습니다. 그래서 조금이나마 먼저 경험하고 많은 아이들과 오랜 기간 함께해 오면서 느꼈던 점들은 부모님들과 나누고 싶습니다. 저는 그렇게 어머니들에게도 친구가 되어가고자 합니다.

아이들의 문해력이 떨어지는 이유

오랫동안 아이들을 만나온 저는 마음 둘 곳이 없는 아이들이 겪는 어려움을 누구보다도 잘 알고 있습니다. 심각한 아들의 방황을 경험했기에 더욱 그렇습니다. 특히 학원에서 만난 아이 중엔 남다른 돌봄이 필요한 아이들이 많습니다. 마음이 아픈 친구들도 있고, 발달 지연이 의심되는 친구들도 어렵지 않게 만나곤 합니다. 이런 아이들이 겪는 가장 큰 어려움은 다름 아닌 소통입니다. 타인과의 원활한 관계를 맺는 데 애를 먹습니다. 특별히 소통이나 학습이 힘든 친구들도 있지만, 전반적으로 아이들의 정서와 문해력에도 심각한 문제가 생기기 시작했습니다.

　5년 전만 해도 아이들이 처음 책을 접하면 눈을 반짝이며 책 읽기를 즐기는 모습을 볼 수 있었습니다. 문장을 읽고 이해하는 데 어려움을 겪는 친구들이 그리 많지 않았습니다. 그저 매일 조금씩 읽는 것만으로도 아이들의 영어 실력은 쑥쑥 늘곤 했습니다. 그러나 요즘 아이들은 그때와 많이 다릅니다. 수십 번 수백 번 말하기를 반복했던 단어들도 철자를 제대로 쓰지 못하는 경우가 허다합니다. 보고 옮겨 적거나 말하는 것은 할 수 있지만, 기억해서 적거나 말하는 것을 어려워하는 친구들도 늘어나고 있습니다.

　저는 그 이유가 다름 아닌 각종 디지털 기기와 스마트폰에 있다고 생각합니다. 이런 기기에 길들여진 아이들은 무의식적으로 예전의 아이들만큼 두뇌를 사용하지 않게 됐습니다. 수동적으로 많은 정보를 접하지만 흘려보내고, 영상을 보는 것에 익숙해지다 보니 단어나 문장을 정확히 구별하고 이해하고 기억하는 것 자체를 어려워하게 되었죠. 게다가 초등학교 때부터 의대를 준비하는 무한 경쟁 시대를 살다 보니 제대로 깊이 있게 배움의 시간을 갖지 못하고 불안감은 몇 배로 커졌습니다.

부모님들의 불안과 학습을 대하는 태도는 그대로 아이들에게 전달이 되어서 아이들은 빠른 효과를 원하고, 시험에 관련된 학습만을 원합니다. 그럴수록 저는 아이들이 천천히 제대로 배울 수 있는 방법을 고집해 봅니다. 저는 아이들과 함께 영어 원서로 된 책을 읽으면서 대화를 통해 뇌도 활성화하고, 생각과 서로의 마음을 나누는 교육을 추구하고 있습니다. 생각과 마음이 살아있는 건강한 아이들로 성장하도록 돕는 것이 저의 목표입니다. 생각과 마음이 살아있는 건강한 아이들은 꿈을 꿀 수 있습니다. 그래서 우리 학원 이름을 '드리밍 리더스(Dreaming Readers)'라고 짓고, 그 목표와 가치를 추구하고 있습니다.

함께 책을 읽으면 일어나는 변화들

그렇다면 어떻게 아이들이 책을 더 잘 읽게끔 도울 수 있을까요? 숙련된 독서가는 그냥 책을 읽어도 뇌의 작용이 활발하게 일어나고 정보를 받아들여 자신의 지식과 아이디어로 발전시킬 수 있지만, 아이들은 그 단계에 이르기까지 책 읽는 방법을 배우며 책 읽기를 지속해야 합니다. 그리고 무엇보다 책을 읽고 이야기 나누며 생각을 펼치고 느낌과 감정들을 나누는 과정도 필요합니다. 그래서 아이들은 혼자 읽기보다는 친구들과 함께 읽는 것을 좋아하고 그 효과도 큽니다. 아이들은 서로의 생각과 의견을 나누면서 공감 능력과 상상력을 함께 키워갑니다. 그리고 어느새 혼자서도 독서를 통해 충분히 깊은 사색이 가능한 친구로 성장합니다.

아이들과 다양한 방법으로 책을 읽고 생각하고 말하고 쓰는 과정을 구축하고 시스템화하는 데에만 무려 10년 이상의 시간이 필요했습니다. 보두가 빠른 교육의 효과를 기대하는 초고속의 시대에 느리고 깊은 배움을 추구하는 것은 쉽지 않습니다. 하지만 30년의 세월 동안 많은 시도와 수정을 통해 만들어 온 수업 방식을 기본 틀로

하여 창의적인 변화를 주면서 할 수 있는 책 읽기 수업은 아이들뿐만 아니라 저에게도 즐겁고 재밌는 과정이 되고 있습니다. 예전의 저는 아이들이 제가 원하는 방향으로 따라오지 않으면 불같이 화를 내는 무서운 선생님이었습니다. 심지어 초등학교 1학년 아이를 심하게 혼낸 후 홀로 집으로 돌려보냈던 적도 있습니다. 그때 제 나이 스물일곱, 막 대학을 졸업하고 아르바이트로 생계를 유지하기 위해 노력하던, 저 역시 어리고 불안한 영혼이었습니다.

저는 별도의 프랜차이즈 가맹을 하지 않고 독자적인 운영을 하고 있습니다. 기본적인 온라인 리터러시(literacy) 프로그램을 사용하고 있긴 하지만, 온라인 학습이 길어지면 아이들의 학습 태도가 수동적으로 변하는 것을 관찰한 후엔 온라인 프로그램의 사용은 줄여 나가고 있습니다. 현재는 친구들이 좀 더 능동적인 학습을 할 수 있도록 월별, 분기별 프로젝트나 미션 형식으로 단어나 문장 익히기, 영상 섀도잉, 영작하기 등을 기초를 다지는 학습으로 진행하면서 원서 읽기를 합니다.

미라클 모닝 낭독을 시작하다

원서 읽기에 있어서 우리 학원의 가장 중요한 시스템은 다독 후 활동을 위한 드리밍 노트(Dreaming Notebook)를 활용하는 것입니다. 공책을 통해 어떤 선생님이 수업을 하시더라도 기본적인 틀을 제공하되, 공책에 있는 장치들을 통해 선생님의 창의력을 발휘하여 수업을 할 수 있도록 하고 있습니다. 친구들이 책을 읽고 나면, 선생님과 북토크를 통해 책을 함께 읽거나 내용에 대한 이야기를 나누기도 합니다. 그리고 책의 내용을 친구들의 생활에 연결해서 생각해 보도록 질문을 하기도 하고, 상상을 통해 또 다른 글을 써 보기도 하고, 생각을 확장할 수 있도록 마인드맵 활동을 하기도 합니다.

이제는 많은 학원들이 비슷한 방법으로 아이들을 가르칩니다. 하지만 여전히 옛날 방식인 수동적 반복 학습으로 아이들을 가르치는 학원이 적지 않습니다. 최근 대형 학원에서 온 친구는 하루에 단어를 100개씩 외웠다고 자랑하더군요. 하지만 이런 학습 방법은 어쩌면 아이들의 멀쩡한 뇌를 망가뜨릴 수도 있습니다. 아이들이 소화하지 못하는 공부법은 오히려 진짜 공부에 방해가 될 뿐입니다. 불안하고 조급한 마음에 하는 공부는 효과적이지도 않습니다. 그래서 저는 자연스럽게, 아이들이 능동적으로 재미있게 배울 수 있는 방법을 늘 고민합니다.

그중 하나가 겨울 방학마다 아침에 줌 미팅으로 만나서 함께하는 독서 시간입니다. 저는 학원 아이들과 함께 매일 아침 8시에서 8시 30분까지 '미라클 모닝 낭독'을 진행합니다. 아이들이 자신이 읽을 수 있을 만큼만 낭독을 하게 하는 겁니다. 잠이 덜 깬 아이들이지만 눈을 비비며 꾸준히 참여하면서 스스로 잠을 이기고 아침 시간을 보람되게 사용한다는 성취감을 느낍니다. 낭독이 끝나면 바로 낭독 녹음파일을 저한테 카톡으로 전송하게 합니다. 초등학교 고학년이나 중학생들은 요약하기도 같이 진행하기도 합니다. 이런 과정을 거치면서 아이들은 점차 독립된 읽기를 할 수 있는 독자로 성장을 해 나갑니다.

나는 어떤 가치를 전하고 있는가

　아이들을 가르치는 동안 해를 거듭할수록 재미를 느끼기 시작했습니다. 어떻게 하면 아이들을 좀 더 잘, 재미있게 가르칠 수 있을까? 아이들이 능동적인 학습자가 될 수 있도록 도우려면 내가 무엇을 더 알아야 할까? 그 방법들을 찾기 위해 저 자신이 끊임없이 배우고 그 방법들을 실제 수업에 적용해 보았습니다. 대학원도 다니고, 여러 가지 배울 것들을 찾아다녔습니다. 아이들의 배움이 시험을 보기 위한 배움으로 그쳐선 안 된다는 철학을 갖기 시작했습니다. 저도 일하는 엄마로서, 가정 주부로서 어려움이 많았습니다. 저 자신의 아이들과도 씨름을 하고, 남편과 부부싸움을 하고 일터에 나올 때도 있었습니다. 그런데 신기하게도 학원에 나와 하루 종일 아이들과 어울리다 보면 그 마음이 다 풀리곤 했습니다. 심지어 하루가 끝나고 나면 뿌듯하고 행복한 느낌마저 들었습니다. 그 순간부터 내게 아이들을 가르치는 일은 생계 수단 이상의 의미가 되어갔고, 보람과 행복을 주는 일이라는 걸 알게 되었습니다.

    물론 일은 우리에게 가장 중요한 삶을 이어가는 수단 중의 하나임은 의심할 여지가 없는 사실입니다. 하지만 사람은 그것만으로는 자신의 일을 계속할 수 없는 존재입니다. 신화에 나오는 시지프스에게 가장 큰 형벌은 돌을 옮기는 무의미한 작업을 반복하는 일이었습니다. 다행히 저는 어떻게 하면 아이들에게 영어를, 공부를 더 재미있고 효과적으로 가르칠지를 고민하는 일이 힘들지 않았습니다. 조금씩 변해가고 성장하는 아이들이 주는 기쁨은 그 어떤 것과도 비교할 수 없는 큰 즐거움이었습니다. 저는 아이들과 함께 소통하면서 아이들의 마음도 어루만져 주기도 했지만 아이들의 순수한 마음을 통해 저 자신을 치유해 나갈 수 있었습니다. 아이들의 눈빛을 보면서 저는 거짓으로 행동을 할 수가 없습니다. 그만큼 아이들과는 진심 어린 소통을 하게 됩니다. 그리고 그런 아이들과 매일을 함께 하는 저는 정말 운이 좋은 사람이 분명하다고 생각했습니다.

단어 시험을 보지 않는 영어 학원

그렇게 학원을 운영하면서 달라진 건 아이들만이 아니었습니다. 가장 많이 변화한 사람은 바로 원장인 저 자신이었습니다. 특히 우리 아들이 방황으로 가득한 사춘기를 겪으면서 제 교육관도 많이 달라졌습니다. 그때까지 저는 다분히 자기중심적인 사람이었습니다. 많은 경우 제 의견을 고집하는 독불장군 같은 사람이었습니다. 그런데 시간이 흐를수록 조금 더 아이들 입장에서 가르치는 법을 고민하게 됐습니다. 어머니들과 상담을 할 때도 무조건 부모님보다 아이에게 가장 좋은 방법이 무엇인지 함께 찾아보자고 말씀드리곤 합니다. 하지만 모든 학부모들이 저의 이런 방식에 동의하시는 건 아니었습니다.

예를 들어 제가 아이들에게 책을 읽히겠다고 생각한 후로는 초등 저학년 친구들과는 단어 시험을 보지 않았습니다. 적어도 그 시기까지는 책을 읽고 그 문맥을 이해하고 영어를 언어로써 체득할 수 있도록 돕는데 온 힘을 쏟아야 한다고 생각했습니다. 그런데 이런 과정들이 어떤 학부모들에겐 불안해 보였던 모양입니다. 그도 그럴만 했습니다. 대부분의 학원들은 단어 시험을 치르고 있으니까요. 하지만 저는 고집을 꺾지 않았습니다. 그게 옳은 방법이라고 생각했기 때문입니다.

그 대신 최선을 다해 학부모님들을 설득했습니다. 어린 아이들에게 가장 중요한 것은 공부 자체를 즐거운 과정으로 받아들이는 훈련이라고 거듭 말씀드렸습니다. 그럼에도 떠나는 부모님들 적지 않았습니다. 가슴 아프고 속상한 일이었습니다. 그런데 반전은 그후에 일어났습니다. 몇 년의 시간이 흐른 후 막상 저희 학원에 남은 아이들이 더 좋은 성과를 거두는 경우가 많았습니다. 그래서 떠났던 친구들이 다시 돌아오는 경우도 있었습니다.

빡센 공부보다 더 중요한 것

단어와 단어의 뜻을 일대 일로 암기를 하게 되면, 아이들의 뇌에서는 시냅스의 연결이 일어나지 않습니다. 잠깐 외웠다가 그 기억의 끈이 끊어지게 됩니다. 좀 어려운 용어로 '미엘린화'가 잘 일어나지 않습니다. (신경세포를 감싸는 미엘린의 형성은 신경 신호 전달 속도와 효율을 높여 학습능력, 운동 능력, 인지 기능을 향상시킵니다) 반면 책을 읽으면서 반복적으로 자연스럽게 문맥 속에서 단어에 노출이 된 아이들의 뇌에서는 그 단어와 표현과 문맥들이 얽혀서 뇌의 전 영역이 활성화 되고 정보들의 연결이 강화됩니다. (미엘린화가 잘 되는 것이죠)

그렇게 촘촘하고 단단하게 연결이 된 정보들은 우리 아이들의 뇌에 장기기억으로 저장되죠. 단어, 표현들, 정보들이 영구적으로 기억에 남아 언제든지 꺼내서 자신의 의견을 표현하는데 사용할 수 있는 정보들이 되는 것입니다. 저는 아이들의 장기 기억력과 뇌의 발달을 위해서 일대일 단어 암기를 하지 않습니다. 눈 앞에 보여지는 것들을 위해 아이들의 뇌를 망가뜨릴 수 없으니까요. 독서를 제대로 하시는 분들이라면, 자신의 뇌에 저장된 것들을 어느 순간 끄집어 내어 자기화된 표현으로 사용하는 경험을 모두 해보셨으리라 생각합니다.

사실 대형 학원이 공부를 잘하는 친구들에게는 굉장히 좋습니다. 경쟁할 친구도 많고 열심히 하는 분위기가 자연스럽게 만들어지기 때문입니다. 문제는 그런 환경이 모든 아이들에게 좋은 것은 아니라는 겁니다. 어떤 아이들은 비교와 경쟁을 통해 동기부여가 더 잘 되는 반면, 혼자 사색하고 고민하며 답을 찾기 좋아하는 친구들도 분명히 있습니다. 이런 아이들은 대형 학원의 분위기에 주눅 들어 오히려 원래 가진 재능과 역량을 발휘하기 힘든 경우도 있습니다. 대형 학원에 보내서 소위 말하는 '빡센 공부'를 하는 것 보다 더 중요한 것은 아이들이 편안한 마음으로 공부에 집중할 수 있도록 돕는 것입니다. 특히나 초등학생들처럼 다른 친구와의 경쟁에 익숙치 않은 친구들은 비교를 통해 공부에 흥미를 잃기 쉽습니다. 제가 영어 단어 시험을 아이들에게 강요하지 않는 건 바로 이런 이유 때문입니다.

드리밍 리더스를 시작하다

아이들을 가르치면서 저에게 생긴 첫 번째 철학이 영어를 언어로써 사용할 수 있도록 가르치자는 것이었습니다. 그리고 시간이 지나면서 아이들이 제대로 읽을 수 있도록 돕자는 두 번째 철학이 생겼습니다. 요즘 아이들은 책을 건성으로 읽는 경우가 많습니다. 앞서 말씀드렸던 것처럼 무분별한 디지털 기기와 스마트폰의 사용으로 인해 문자와 문장을 이해하고 글을 읽고 자신의 생각을 펼치는 능력이 크게 떨어졌습니다.(이를 흔히 문해력이라고 합니다) 그래서 원서의 내용을 오롯이 흡수하지 못하고 읽는 시늉만 합니다. 그때부터 저는 아이들이 제대로 책을 읽을 수 있는 방법을 고민하기 시작했습니다. 다양한 도서와 전문 자료들을 참고하며 읽는 과정 그 자체를 즐길 수 있는 방법을 찾기 시작했습니다. 아울러 그 과정에서 행복감을 느낄 수 있는 여러 장치들을 만들기 시작했습니다.

저의 원서 읽기 수업의 변화는 코로나 팬데믹 전과 후로 나뉜다고 볼 수 있습니다. 코로나 이전엔 유아기를 디지털 미디어에 노출되어 지낸 친구들이 거의 없었습니다. 반면, 코로나 팬데믹 시기 즘엔 태어나서부터 유아기 내내 디지털 미디어에 노출되었던 친구들이 초등학교에 입학을 하게 됩니다. 게다가 코로나로 인해 등교하지 못하고 초등 저학년 시절을 온라인 수업으로 보낸 친구들이 다시 학교로 돌아가는 시점부터 친구들의 문해력 문제는 더욱 커졌습니다. 친구들이 문자를 읽어내는 것을 힘들어하고 글을 쓰는 것을 힘들어 하기 시작했습니다. 영어뿐만 아니라 한글로도 말입니다. 그 이전보다도 훨씬 심각한 상황을 마주하고는 아이들의 읽기 능력의 기본을 다지기 위해 시작한 것이 '낭독 강화 수업'이었습니다.

    읽기가 일정 수준에 다다라 자동화되기 전까지 소리 내어 읽는 것은 소리와 문자를 연결해 주고 의미를 정확하게 전달받을 수 있도록 도움을 줍니다. 그래서 저는 낭독 수업 프로세스를 만들어 모든 수업에 낭독을 강화했습니다. 낭독이 문해력에 도움이 되는 것은 영어의 경우뿐만 아니라 모국어의 경우도 마찬가지 입니다. 그렇게 코로나 기간이 지나가고 2년 정도 지난 현재는 친구들의 읽기 능력이 조금씩 안정화 되어가고 있는 것을 볼 수 있습니다. 어른들도 영어를 잘 말하고 싶다면, 텍스트를 꾸준히 낭독하는 걸 추천합니다. 다행히 이런 저의 노력이 결과로 이어지자 조금씩 수업이 다시 제자리를 찾아가고 있습니다. 하지만 단순히 영어를 가르치는 것만으로는 부족하다고 생각했습니다. 무엇보다 다른 학원과는 다른, 학습만큼이나 아이들의 감정과 정서를 고려한 교육을 강조하는 저의 가치관을 이해하는 선생님들을 모시고 있습니다.

친절하고 따뜻한 이야기 친구

우선적으로는 지원 시 질문 사항은 두 가지였습니다. 아이들을 좋아하고 아이들과 함께 활동하는 것을 좋아하는가? 영어로 북토크를 원활히 할 수 있는가? 그리고 면접 시 우리 학원에서 일하고 싶은 마음이나 적극성을 표현하는지를 보았습니다. 4년째 함께 하고 있는 선생님 한 분은 면접 시 다른 영어유치원에 합격한 상태였는데 그 자리에서 합격 여부를 알려드리면 영어유치원 근무를 빠르게 취소하겠다는 적극성을 보이셨습니다. 그리고 3년이 지난 지금까지도 친구들과의 수업이나 활동을 자신의 일처럼 적극적으로 재미있게 해 주셔서 늘 감사한 마음입니다.

저는 그리 사교적인 사람이 아닙니다. 그러나 같은 가치관과 철학을 가진 원장님들과 모임도 이어가면서 혼자만의 사고에 고립되지 않으려는 노력을 하고 있습니다. 이런 과정을 통해 저는 계속해서 친절하고 따뜻한 이야기 친구가 되어가고 있었습니다. 이렇게 '프랜들리 애니

(Friendly Annie)'라는 나름의 정체성을 갖게 되면서 교육가로서의 목표에 변화가 생기기 시작했습니다. 영어를 언어 그 자체로 습득하고 자신에게 더 많은 기회를 가져다주는 도구로 활용할 수 있도록 가르치려 합니다. 동시에 저는 여기에 더해 아이들의 책을 읽고 생각하는 훈련을 돕고 싶습니다. 생각하는 능력은, 빠른 암기와 달리, 천천히 깊이 있게 정보와 생각을 연결하는 과정과 시간이 필요합니다. 언어 습득은 물론 원서로 책읽기를 통해서 아이들이 생각하고 꿈꾸고 공감하면서 성장할 수 있도록 돕는 것이 내 삶의 새로운 미션으로 자리잡아가기 시작했습니다.

나는 왜 영어 원서읽기를 가르치는가

최근 저는 '사업의 철학'이라는 책을 읽었습니다. 이 책은 말합니다. 상품이나 서비스가 아닌 어떤 가치를 팔아야 할지 먼저 정하라고 말입니다. 제게는 영어를 제대로 읽고 배우는 능력을 키우고자 하는 학습자와 그 부모가 고객입니다. 저는 이들에게 단순한 영어 교육이 아닌 어떤 가치를 전달해야 할지를 고민하기 시작했습니다. 저는 가장 먼저 아이들이 '살아있어야' 한다고 생각했습니다. 요즘 아이들은 과도한 공부나 게임에 빠져서 정작 사고할 수 있는 능력은 퇴화하고 수동적인 학습을 하고 있기 때문입니다. 그래서 이 아이들이 서로 상호작용하고 소통할 수 있도록 돕는 일이 내가 할 수 있는 가장 가치 있는 일이라고 생각합니다. 그리고 이러한 일을 돕는 방법 중 하나로 수많은 학습 도구와 방식을 뒤로하고, 책과 공책만을 가지고 아이들이 주체가 되어 배우는 '미니멀리즘 러닝(Minimalism Learning)'이라는 수업 방식을 추구하고 있습니다.

이와 동시에 아들의 방황 이후에는 어려운 환경에서 자라고 있는 청소년들에게 관심을 가지기 시작했습니다. 그들 중에는 방황하는 친구들도 있고, 은둔하는 친구들도 있었습니다. 이런 아이들을 돕다 보니 학교밖 청소년 연구소에 소속되어 강의와 멘토링을 하게 되었습니다. 이제 와서 돌이켜보면 체력이 제가 나쁜 엄마가 되었던 중요한 이유 중 하나였습니다. 힘에 부치는, 감당하기 어려운 일들을 억지로 해내려다 보니 아이들한테 짜증을 부리곤 했던 겁니다. 힘들어 하고 정상적이라 여겨지는 궤도에서 이탈을 하는 아이들의 뒤에는 힘겨운 부모가 있을 수 있다는 사실도 깨달았습니다. 이런 관심의 확장에는 아들의 보이지 않는 도움이 컸습니다. 어른들에게는 말 잘 듣고 착한 아이들이 다루기에 편합니다. 하지만 때로는 반항과 방황을 통해 자신의 욕구를 숨김없이 보이는 아이들도 있게 마련입니다. 저는 아들을 통해 이렇게 '다르게' 사고하고 행동하는 아이들에 대해 비로소 진정 어린 관심을 가지게 되었습니다. 아들에게 고마워했던 이유도 바로 이런 경험 때문이었습니다.

'우리 아이가 달라졌어요'나 '금쪽이'의 결론은 언제나 부모에게 진짜 이유가 있다는 깨달음으로 이어집니다. 어려운 아이 뒤에는 어려운 부모가 있는 건 당연합니다. 하지만 부모들에게도 각자의 이유가 있습니다. 경제적으로 어렵거나, 명문대를 나와서 공부를 못하는 자신의 아이를 수용할 수 없다거나, 폭력적인 배우자를 만났거나 하는 등의 다양한 이유가 존재합니다. 게다가 요즘 부모들은 모두 처음 아이를 키우는 초보들로 시작합니다. 그래서 부모들의 치유가 그 어느 때보다도 절실히 필요합니다.

동화를 읽으며 진짜 나를 만나다

현재 개발 중인 동화 힐링 수업 커리큘럼도 그런 마음으로 만들고 있습니다. 아이들이 건강하고 행복하려면 부모가 먼저 건강하고 행복해야 합니다. 예전과 달리 요즘은 아이를 양육할 때 주변의 도움이나 공동 육아의 도움을 받기도 쉽지 않습니다. 그래서 많은 엄마들이 홀로 독박 육아를 합니다. 이런 엄마들과 함께 동화책을 읽으면서 생각과 마음을 나눌 수 있는 프로그램을 만들 수 있다면 얼마나 좋을까요? 어른들과 동화 수업을 할 때 마음을 나누다 보면 가끔 눈시울이 붉어지기도 합니다. 왜냐하면 책을 통해 우리의 삶을 비추어 보기도 하고, 자신의 진짜 모습을 만날 수도 있기 때문입니다.

영어를 가르치는 일은 그저 언어만을 가르치는 것이 아닙니다. 특히 영어로 책을 읽는 일은 외국어이기에 한글책을 읽는 것보다 언어 습득 또는 체화라는 한 단계 더 거쳐야 합니다. 그러나 꾸준히 영어로 읽는 능력을 발달시켜 나가면 결국엔 한글로 책을 읽는 과정과 다를 바가 없습니다. 이것은 속도만 다를 뿐 어린이에게도 어른에게도 모두 적용이 될 수 있습니다. 제가 영어 원서읽기 수업을 하는 이유는 학습자가 언어로써 영어를 습득하는 것을 넘어서서 생각하는 능력을 키우고 공감하고 상상하는 능력을 키워 나갈 수 있도록 돕기 위해서입니다.

교사에서 사업가로 가는 길

오랜 기간을 교사의 마인드로 일을 해오던 저는 어느 날 이렇게 좋은 방식을 더 많은 선생님과 함께 해나가고자 하는 소망이 생겼습니다. 그래서 사업가의 마인드를 가지고 변화해 나가야겠다는 생각을 했습니다. 그리고 학원을 시스템화하는데 공을 들이기 시작했습니다. 가장 먼저 우리 학원만의 매뉴얼을 개발했습니다. 지금도 꾸준히 이를 지속적으로 실행하고 또 수정하는 일을 하고 있습니다. 그 결과 우리 학원만의 운영 매뉴얼과 상담 매뉴얼을 만들 수 있었습니다. 교육 과정을 담은 커리큘럼과 상담을 위한 설문지, 시간표도 계속해서 업그레이드하고 있는 중입니다.

노션으로 정리하고, 동화로 연결하다

그 과정에서 발견한 '노션'은 정말 유용하게 쓰고 있습니다. 노션은 처음 자신에게 맞는 페이지로 구축하는 것이 힘들어 많은 분들이 금방 사용을 포기합니다. 그러나 몇 개월간 수업에 필요한 요소들을 가지고 씨름한 끝에 우리 학원에 적합한 페이지를 구축할 수 있었습니다. 함께 일하는 선생님들과의 공동 작업도 편해졌고, 특정 부모님에게 자녀의 공부 과정과 결과를 바로 공유하고 수정할 수도 있게 되었습니다. 지금은 노션의 데이터베이스 기능을 활용해서 학생 개개인별로 학습에 관한 모든 과정을 한 번에 확인할 수 있는 시스템을 만드는 중입니다.

사실 저희 같은 작은 학원은 마케팅이 가장 취약합니다. 환경의 변화에 따라 요즘은 문자, 인스타그램, 네이버 플레이스, 그리고 블로그를 이용하여 꾸준히 홍보를 하고 있습니다. 예전에는 전단을 몇천 장씩 돌려보기도 했지만 이젠 효과가 전혀 없다는 것을 알게 되었습니다. 세상이 달라졌음을 매일같이 느끼는 요즘입니다. 그 변화를 따라가는 일이 쉽지만은 않습니다. 일단 영어 학원의 주 고객이 달라질 것입니다. 아이들이 줄어드는 대신 성인들의 영어 공부에 대한 니즈는 더 커질 것입니다. 4, 50대에 자의 반 타의 반으로 새로운 커리어를 시작하는 사람들도 많습니다. 그래서 저는 앞으로의 제 사업모델을 테스팅하기 위해서 'Read N Heal'이라는 성인들을 위한 동화 모임을 운영하고 있습니다. 처음에는 '당근'을 이용해 모집을 했습니다. 서로 처음 만나는 사이였지만 동화책을 함께 낭독하고, 영어 표현도 배워보고, 동화 내용에 대해 영어로 이야기도 나누어 보고 있습니다. 그러다 동화 내용을 자신의 삶과 연결 지어 개인화하여 이야기를 나누어 보기도 합니다. 영어를 배우기 위해서 모이게 되었지만, 동화를 통해서 생각을 나눔으로써 뇌도 활성화하고, 마음을 나눔으로써 마음의 힐링도 얻어가는 프로그램으로 정착되어 가고 있습니다.

학원의 시스템화를 시작하다

저는 아직 큰 성공을 하진 못했습니다. 다만 최근 5년 동안 느낀 건 제가 돈을 좇지 않았음에도 오히려 돈이 나를 따라오는 경험을 했다는 겁니다. 지금도 제가 한 자리에서 한결같은 모습으로 학원 운영을 하니 저를 알아서 찾아오는 분들이 나타났습니다. 특히 비슷한 학원을 운영하는 원장님들은 비법을 전수해달라고 찾아오시기도 합니다. 하지만 원서 읽기를 고집 있고 끈기 있게 진행하시는 원장님들은 많지 않습니다. 그만큼 책을 읽고 아이들의 사고 능력과 마음의 근력을 키워주는 일은 쉽지 않습니다. 그러나 누구나 쉽게 할 수 있는 수업 방식이 바로 영어 원서 읽기 수업입니다. 그래서 원서 읽기에 진심으로 관심이 있는 원장님들과 커뮤니티를 만들게 되었고, 이후 서로의 창의적인 방식들을 공유하고 있습니다.

원서 읽기를 가르치고 싶은 원장님들이 어려움을 느끼고 쉽게 포기하는 건 정말 아쉬운 일입니다. 그래서 저는 아이들을 사랑하고 책을 읽고 이야기 나누고 활동하는 걸 좋아하는 선생님들이면 누구나 수업을 하는 데 도움이 될 노트를 만들어 원서 읽기 수업의 방식에 큰 틀을 제공하게 되었습니다. 아이들은 이 노트에 글도 쓰고, 그림도 그리고, 단어 학습도 하고, 읽기와 낭독 연습도 할 수 있습니다. 우리 학원에서 쓰려고 인쇄했던 노트 1,000부는 원장님들 커뮤니티에서 2주 만에 완판이 되었습니다. 생각지도 못한 경험이었습니다. 이 드리밍 노트를 지난 5년간 지속적으로 수정 보완해 가며 수업에 활용해 나가고 있습니다. 이 노트가 일종의 수업 시스템을 제공하고 있다는 생각합니다.

공책으로 기본적인 틀과 체계를 갖추어, 책과 공책만으로 진행하는 수업을 고집하는 이유가 있습니다. 이 세상에는 무수한 수업 도구들과 수업 방식들이 존재합니다. 그러나 그 어떤 도구나 방법보다도 진정한 배움을 위해서 필요한 것은 바로 학생들의 배우고자 하는 마음과 배움에 대한 열정입니다. 아이들이 진정으로 배우고 싶고, 하고 싶은 마음을 가질 수 있도록 돕는 것이 제가 '미니멀리즘 러닝(Minimalism Learning)'을 고집하는 이유입니다.

공부에 심리적 안정이 중요한 이유

지금 이 시대는 굉장히 복잡하고 어지러운 세상입니다. 넘쳐나는 정보 속에서 제대로 된 정보를 구분하고, 자신만의 생각을 만들어 가기 위해서는 무조건 수동적으로 정보를 받아들여서는 안 됩니다. 능동적이고 주도적으로 생각을 하는 아이들로 성장하기 위해서는 독서하고 생각하고 의견을 나누는 과정을 경험해야 합니다. 잘 짜인 학습서와 단순한 암기, 문제 풀이 방식들로는 아이들의 생각을 제대로 키워줄 수 없습니다. 그래서 저는 책과 공책, 이 두 가지의 미니멀한 도구를 가지고 아이들이 주도적으로 공부할 수 있는 방식들을 지속적으로 실험, 적용, 수정해 나가고 있습니다. 노트에 자기 생각과 느낌, 활동들을 적어 보는 건 그래서 큰 도움이 된다고 생각합니다.

물론 입시를 위한 빠른 학습 효과를 기대하고 계신 학부모들은 늘 불안해하시는 걸 볼 수 있습니다. 하지만 책 읽기는 느려 보이지만 가장 빠른 공부 방법입니다. 책을 잘 읽고 이해하는 친구들은 모든 공부를 잘할 수 있는 기본기를 갖추게 됩니다. 아이들에게 어떤 가치나 신념을 심어주기 위해서는 깊이 생각해 보고, 직접 써보고, 타인과 자신의 의견을 나누는 과정이 반드시 필요합니다. 왜냐하면 요즘은 무언가에 몰입하는 것이 너무 힘든 시대이기 때문입니다. TV는 물론 유튜브나 SNS처럼 한 사람의 일상을 방해하는 요소들이 너무나 많습니다. 게다가 요즘 아이들은 학교와 학원에서의 경쟁 때문에 항상 불안 속에서 공부하고 있습니다. 정말 불안한 아이들은 풀고 있는 문제가 해결이 안 되면 그 자리에서 울어버리기도 합니다. 아이들은 심리적으로 안정되어야 비로소 공부도 잘할 수 있습니다. 그건 어른도 마찬가지입니다.

가장 유능한 사람은 누구인가

구글은 어떤 팀이 가장 큰 성과를 만들어내는지를 오랫동안 연구했다고 합니다. 그래서 여러 가지 팀을 두고 성과를 내는 방식과 결과를 측정했습니다. 때로는 최고의 역량을 가진 사람들을 모은 팀, 때로는 인센티브가 주어지는 팀, 때로는 카리스마적인 리더십을 가진 팀을 연구했습니다. 하지만 가장 높은 성과를 내는 팀은 조금 다른 이유가 한 가지 있었습니다. 이런 팀들은 이른바 '심리적 안정감'이 높다는 공통점이 있었습니다. 즉 내가 가끔 실수한다 해도 자신들의 팀원이 쉽게 비난하거나 원망하지 않았다는 사실입니다. 아이들의 영어 교육도 마찬가지입니다. 아이들은 선생님과 가족과 친구들이 자신을 믿어줄 때, 기다려줄 때 힘을 냅니다. 다만 그러기까지 시간이 좀 더 필요한 아이들이 있을 뿐입니다.

또한 저는 독서가 독서로 끝나선 안 된다고 생각합니다. 독서는 그 무엇보다 현실의 삶과 끈끈하게 연결되어야만 합니다. 책을 읽었으면 그 책에 나온 것들을 실제로 해봐야 합니다. 저는 책을 읽은 후 좋은 방식이 있다면 그것을 바로 실천하거나 수업에 적용을 해보는 편입니다. 또한 시험 잘 보는 방법을 가르치는 다른 학원들과 차별화된 수업 방식에 지속적으로 도전하고 있습니다. 이는 배운 것을 실천 적용해야 한다는 저의 인생철학을 반영한 것이기도 합니다.

저는 언제나 남들이 다 가는 방향이 아닌 살짝 옆으로 가는 저만의 지름길을 선택했습니다. 일단 저부터가 조금 느리고, 어눌하고, 뭘 해도 서툰 사람이었습니다. 그래서 조금 느리더라도 아이들이 자기의 속도대로 편안한 마음으로 배움을 이어 나가기를 간절히 바랍니다. 정서적으로 안정되고, 타인과의 비교 속에 불안해하지 않고 자신만의 속도로 꾸준히 나아갈 수 있는 아이들은 결국 자신이 가진 고유의 능력들을 발휘할 수 있는 유능한 어른으로 성장해 갈 것입니다.

공부방을 하는 두 분의 대표님을 만난 적이 있습니다. 한 분은 예의도 없고 도무지 속을 모르겠는 아이들 때문에 힘들다고 했습니다. 또 다른 한 분은 학부모들 때문에 힘들다고 하시더군요. 그런데 자세히 들어보면 그럴 수밖에 없겠다는 생각이 듭니다. 아이들이 힘든 원장님은 학부모들이 편하다고 합니다. 그분들의 고민과 필요를 잘 이해하고 있기 때문입니다. 학부모들이 불편한 원상님은 정확히 그 반대였습니다. 그분은 아이들이 뭘 원하는지를 너무도 잘 알고 있었기 때문이었습니다.

달라진 세상에서 영어 학원이 일하는 법

10년 후엔 저도 아이들을 직접 가르치는 것이 쉽지 않을 것 같습니다. 그런데 요즘 60세 이상 중 싱글인 분들이 무려 54%나 된다고 합니다. 법적인 싱글의 퍼센트가 그렇지 사실상 이혼 상태인 분들은 훨씬 더 많을 겁니다. 그래서 시니어 대상 독서 커뮤니티도 충분히 시장성이 있지 않을까 생각하고 있습니다. 사업은 언제나 아이템과 상권을 분석하는 것만큼이나 시장을 먼저 고민할 수 있어야 합니다. 더 정확히는 사람들의 숨은 욕구를 고민하는 것입니다. 요즘 사람들이 뭘 힘들어하는지, 무슨 문제를 안고 사는지, 뭘 원하는지 고민하고 또 생각해 보아야 합니다. 이제부터 6, 70년대에 태어난 950만 은퇴자들이 쏟아져 나온다고 합니다. 과연 이들의 가장 큰 걱정은, 기대는 무엇일까요?

세상이 달라지면 학원도 변해야 한다고 생각합니다. 어떤 분유 회사는 아이들이 줄어들자 같은 원료를 가지고 어른들을 위한 건강식품을 만들어 제2의 전성기를 맞고 있습니다. 아이들이 줄고, AI 도구들로 인해 영어를 가르치는 직업이 없어질까요? 번역기가 아무리 좋아져도 번역기에 의존해서 소통하는 것과 직접 대면을 통해 아주 미묘한 표현의 차이들을 느끼며, 살아있는 소통을 하는 것은 확연히 다릅니다. 그리고 번역기에 의존하는 사람들과 직접 외국어를 할 수 있는 사람들은 사회에서 할 수 있는 역할 자체가 달라질거라 생각합니다. 책을 읽고, 언어를 배우는 것은 인간의 뇌 발달에도 영향을 미칩니다. 영상을 보거나 디지털 활자를 보는 것과는 확연히 다른 뇌의 활성화가 일어납니다. 아이들에게 뇌의 발달은 급변하는 세상 속에서 새로운 것을 잘 배울 수 있는 밑거름이 되고, 어른들에게 뇌의 자극은 100세 시대에도 건강한 뇌와 맑은 정신으로 삶을 영위할 수 있는 기회를 제공합니다.

달라진 세상에서 영어 학원이 일하는 법

제가 영어를 가르치는 일을 30년 해올 수 있었던 것은 어느 순간 이 일을 좋아하고 즐기게 되었기 때문입니다. 그래서 세상의 변화에 따라 가르치는 대상에 따라 연구하여 방식에 변화를 주며 재미있게 그 시간을 지나올 수 있었습니다. 그리고 이제 자신 있게 얘기할 수 있습니다. 영어로 책을 읽는 과정은 언어를 통해 또 다른 세상을 만나는 기회가 될 수 있다는 것입니다. 또한 우리의 뇌를 더욱 활발하게 만들어 깊은 사고를 돕고, 세상과 타인에 공감할 수 있는 마음을 주고, 싱싱격을 통해 디 넓은 세상에 나아갈 수 있는 용기를 준다는 것을 알게 되었습니다.

변화하는 세상에서 불안감을 안고 멈추어 있으면, 우

리의 업은 그대로 끝이 날것입니다. 하지만 우리가 해온 일들의 기본적인 가치와 철학을 다른 대상들, 즉 고객들에게 유연하게 변화시켜 적용해 나간다면 우리의 업은 융합되고 더욱 강력한 형태로 이어질 수 있을 것이라 확신합니다.

2부.
하상미의 온도

30년 넘게 현장에서 판촉사원과 함께 판촉을 업으로 삼아 일해온 저자는 '판매'가 아닌 '공감'의 가치를 전하는 사람이다. 제품보다 사람의 마음을 더 깊이 바라보며, 고객의 하루에 작은 온기를 더하는 일을 해왔다. 감정노동자를 넘어 감정공감자로, 따뜻한 연결을 만드는 일을 스스로의 사명으로 여기고 있다.

하상미의 프롤로그

"일 잘하는 사람에게 정답은 없습니다. 각자의 방식, 각자의 온도로 일할 뿐입니다."

30년 넘게 대형 할인 매장에서 판촉사원들과 함께 일해왔습니다. 처음엔 제품을 어떻게 팔아야 할지만 고민했지만, 시간이 흐를수록 '무엇을 팔까'보다 '어떻게 마음을 얻을까'를 더 깊이 생각하게 되었습니다.

대형마트라는 공간은 단순히 소비만 일어나는 곳이

아닙니다. 오늘 저녁 반찬을 고민하는 엄마, 피곤한 하루를 마무리하러 온 직장인, 말없이 장을 보는 어르신. 이들은 단지 물건을 사러 온 것이 아니라, 누군가와 짧게라도 연결되길 원하는 사람들입니다.

우리가 하는 일은 단순한 판매가 아닙니다. 고객의 표정을 읽고, 망설임을 감지하고, 적절한 타이밍에 한발 다가서는 일. 고객이 더 나은 선택을 할 수 있도록 돕는 일. 따뜻한 말 한마디와 진심 어린 미소로 고객의 하루에 온기를 더하는 일입니다.

많은 이들이 판촉사원을 '감정 노동자'로만 바라보지만, 저는 조금 다르게 생각합니다. 우리는 고객과 감정을 나누는 사람, 고객의 하루에 따뜻한 연결을 만드는 '감정공감자'입니다. 고객이 힘든 하루 끝에 마트를 찾았을 때, 우리가 건넨 작은 관심이 위로가 된다면, 그것이 우리가 이 일을 계속할 수 있는 이유 아닐까요?

누군가는 냉정하게 일하고, 누군가는 뜨겁게 몰입합니다. 저와 제 동료들은 고객과의 공감 속에서 뜨거운 온도로 일하고 있습니다. 그 온도는 누군가에겐 위로가 되고, 또 누군가에겐 다음 방문의 이유가 됩니다.

 이 책은 대형 할인 매장의 판촉 현장을 30년 넘게 함께 걸어오며 느낀 생각과 마음을 담은 기록입니다. 특별할 것 없지만 결코 가볍지 않은 이야기. 오늘도 매장에서 고객을 맞이하는 모든 이들에게, 이 글이 작은 응원과 격려가 되기를 바랍니다. 그리고 언젠가 누군가의 마음에 닿는 진짜 '예술의 순간'이 되기를 바랍니다.

드림팀의 시작

2013년의 어느 금요일, 저는 고양시 킨텍스 행사장으로 외근을 나와 있었습니다. 그러다 우연히 우리 직원이 직급도 없이 이름을 불리며 하대를 당하고 있는 모습을 목격했습니다. 얼마나 심한 말을 들었는지 그 여직원은 화장실로 뛰쳐나가 소리 죽여 울고 있더군요. 단단히 화가 난 저는 그날로 그 클라이언트에게 문자를 보냈습니다. 당신이 원하는 수준의 서비스를 제공할 수 없을 것 같다, 일을 그만두겠다는 내용이었습니다. 그리고 망설임 없이 핸드폰을 꺼버렸습니다. 그리고 다시 스마트폰의 전원을 켠 것은 서너 시간이 지난 후의 일이었습니다.

내 일의 격을 높이는 법

스마트폰을 열어보니 부재중 전화가 세 통이나 와있었습니다. 문제의 그 클라이언트가 보낸 문자였습니다. 너무 미안하다, 잘못했다, 한 번만 자기를 이해해 달라는 내용이었습니다. 다음 주 월요일, 나는 날이 밝자마자 그 회사가 있는 삼성동으로 향했습니다. 운전을 하고 가면서 스스로 각오를 하고 또 했습니다. 어떤 경우에도 그 사람과는 다시 일하지 않겠다는 다짐이었습니다. 그런데 막상 그 클라이언트를 만나니 나를 붙잡고 너무너무 미안하다며 거듭 사과를 하고 또 하는 게 아니겠습니까. 그 모습을 보니 저도 모르게 마음이 무너지고 말았습니다. 하지만 이런 일은 정도의 차이는 있을지 몰라도 그 후로도 몇 번이나 계속되었습니다.

어느 날 한 클라이언트로부터 업무 메일이 도착했습

니다. 그런데 내가 보낸 답장에 오탈자가 하나 있었던 모양입니다. 이를 본 담당자는 그 경위를 육하원칙에 따라 다시 작성해 보내달라고 요청했습니다. 심지어 메일을 보낼 때는 10포인트 굴림체로 작성하라는, 마치 회장님의 지시 같은 요구까지 덧붙였습니다. 그 메일을 읽고 나니 저도 모르게 실소가 나왔습니다. 그들이 판촉 업무를 담당하는 우리를 어떻게 바라보고 있는지 알 수 있는 경험이었습니다. 하지만 이런 일이 반복될수록 오히려 저는 제 일의 격을 높이고 싶다는 생각이 들었습니다. 아니, 그보다 이 일을 즐기며 더 오래도록 하고 싶다는 마음이 커졌습니다. 왜냐하면 저는 일찍감치 그런 경험을 한 적이 있기 때문입니다.

글로벌 A사 드림팀의 탄생

2001년, 제가 글로벌 A사에서 일할 때였습니다. 회사에서 비용 부담이 크다며 효율적인 경영을 압박해 왔습니다. 인건비를 줄이든, 대안을 만들든, 뭐라도 하라는 지시가 떨어졌습니다. 돌파구가 필요했습니다. 그래서 생각해 낸 게 기존과는 차별화된 판촉팀을 만들어보자는 거였습니다. 그래서 정말 일 잘하는 직원 4명을 뽑았습니다. 외부 인력 2명도 새로 고용했습니다. 물론 약간의 경쟁을 유도하기 위한 생각도 있었지만, 아무나 이 팀의 멤버가 될 수 없다는 메시지도 함께 전하고 싶었습니다.

마침 그때 인기를 끌던 TV 프로그램에서 아이디어를 얻어 이 팀에 '드림팀'이라는 이름을 붙였습니다. 단순한 명칭이 아니라, 대우부터 남다르게 차별화했습니다. 당시 하루 인건비가 6만 원이었지만, 드림팀에게는 9만 원을 지급했습니다. 또한, 기존에는 한 매장당 판촉 직원 한 명이 원칙이었지만, 드림팀은 두 명씩 한 조를 이루어 투입하는 파격적인 전략을 시도했습니다. 그 결과, 드림팀은 판촉 시장을 완전히 뒤흔들어 놓았습니다. 이들의 성과는 입소문을 타고 빠르게 퍼져나갔고, 결국 서울에서 수도권, 지방까지 활동 범위를 넓히면서 3년 후에는 팀원 수가 32명으로 증가하는 놀라운 성과를 만들어냈습니다.

당시 회사 회장님이 내건 목표는 한 달 동안 매일 1,000만 원의 매출을 올리는 것이었습니다. 매장당 평균 매출의 10배에 달하는, 그야말로 꿈 같은 목표였습니다. 하지만 우리는 결국 그 목표를 현실로 만들어냈습니다. 실제로 코스트코 양평점, 롯데마트 잠실점, 롯데마트 영등포점 등 총 5개 매장에서 하루 1,000만 원의 매출을 달성했습니다. 그 순간, 우리 팀의 사기는 하늘을 찌를 듯 치솟았습니다. 그때 저는 한 가지 중요한 사실을 깨닫게 되었습니다. 마트 매장에서 일상용품을 판다고 해서 내 일이 하찮은 것이 아니라는 것, 그러나 그 누구도 아닌 나 자신이 내 일을 하찮게 여기고 있었다는 것을 알게 되었습니다.

하지만 막상 목표한 매출을 올리고 나니, 이 일이 단순한 판매가 아니라 하나의 '예술' 같은 작업이라는 생각이 들었습니다. 저는 이 과정에서 직원과의 공감에 가장 큰 노력을 기울였습니다. 그리고 솔선수범했습니다. 가능하면 빠른 의사결정을 내릴 수 있도록 시스템을 개선했습니다. 그리고 무엇보다, 내가 만약 사장이라면 이런 나를 기꺼이 고용할까, 하고 질문하고 또 질문했습니다. 그리고 결심했습니다. 나처럼 판촉을 예술의 경지로 끌어올리는 사람들을 양성하는 리더가 되어야겠다고 말입니다.

판촉은 어떻게 예술이 되는가?

여러분은 예술을 무어라 생각하시나요? 예술은 일반적으로 감정, 아이디어, 창의성, 미적 감각 등을 표현하기 위해 인간이 창조한 활동이나 작품을 의미합니다. 또한 인간의 내면세계, 감정, 사상, 관념 등을 창의적인 방식으로 표현하는 활동입니다. 즉 보이지 않는 아름다움을 눈에 보이는 미적 결과물로 만드는 모든 과정을 포함하는 말입니다. 그렇다면 우리가 하는 일이 어떻게 예술이 된다는 의미일까요? 저는 그것을 다름 아닌 고객과의 소통에서 찾았습니다. 예술, 즉 음악이나 미술 공연 등의 활동에서 가장 중요한 것은 작가와 관객 간의 소통입니다. 아무리 대단한 작품이라도 관객을 만나지 않는 작품은 무의미합니다. 저는 우리가 소개하는 최고의 제품들과 고객을 잇는 우리의 활동이 예술과 가깝다고 생각했습니다.

예술은 아름다움이라는 가치를 세상에 전하는 활동이기도 합니다. 그렇다면 우리는 어떨 때 이런 아름다움을 느낄까요? 대단한 미술이나 조각 작품도 물론 아름답습니다. 하지만 진정한 아름다움은 한 사람이 자신의 일에 깊이 몰입하고 그 과정에서 즐거움을 느낄 때도 발현된다고 생각합니다. 소매를 걷어붙인 채, 자신의 일에 몰두한 어느 직장인의 모습을 떠올려 보세요. 우리는 그런 모습을 볼 때 아름답다고 말하곤 합니다. 저는 판촉 일도 그렇게 할 수 있다는 것을 세상에 증명하고 싶었습니다. 판촉은 제품을 매개로 사람과 사람을 잇는 놀라운 직업입니다. 저는 함께 일하는 직원들이 그런 아름다움을 스스로 느끼고 자부심을 가지길 바랬습니다. 누가 뭐래도 우리가 하는 일이 자랑스럽고 심지어 아름답기까지 하다는 사실을 세상에 전하고 싶었습니다.

판촉에 대한 몇 가지 오해들

그렇다면 사람들은 왜 판촉 일을 상대적으로 가볍게 여기는 것일까요? 판촉은 분명 마케팅 전략의 일부입니다. 하지만 많은 사람들은 아직도 이 일을 '현장에서 고객에게 제품을 홍보하는 단순 작업'으로 생각합니다. 그래서 판촉이 전략적이고 창의적인 작업이라는 본질을 이해하지 못한 채 단순히 보조적인 역할로 오해하곤 하죠. 또한 일부 소비자들은 판촉 활동을 경험하며 강매나 과도한 영업을 당했다고 느끼곤 합니다. 이로 인해 판촉 자체를 부정적으로 인식하게 되는 것입니다.

이뿐 아닙니다. 사람들은 판촉을 단순히 할인 행사나 쿠폰 배포로 생각하는 경우가 많습니다. 그래서 창의적인 전략이 부족한 일로 간주하곤 하죠. 하지만 성공적인 판촉은 소비자 심리, 데이터 분석, 트렌드 이해를 기반으로 한 창의적 접근이 필수적인 일입니다. 또한 판촉 활동은 종종 단기적인 매출 상승을 목표로 하기 때문에, 장기적인 브랜드 가치를 구축하는 데는 덜 중요하다고 오해

받곤 합니다. 하지만 판촉은 장기적으로도 브랜드 인지도와 고객 충성도를 높이는 데 큰 역할을 합니다.

이처럼 판촉 활동의 일부가 현장에서 직접 고객과 소통하거나 물리적 활동을 수반한다는 이유로 전문성이 낮은 일로 오해받을 수 있습니다. 하지만 성공적인 판촉에는 소비자 심리, 시장 데이터 분석, 창의적 기획 등 고도의 전문성이 필요합니다. 이런 전문성이 간과되면서 판촉 활동을 과소평가하는 분들이 많습니다. 따라서 우리는 판촉의 전문성을 알리기 위해 노력해야 합니다. 판촉이 소비자 데이터 분석, 심리 연구, 창의적 기획을 바탕으로 이뤄진다는 점을 강조할 수 있어야 합니다.

또한 소비자들에게 부담을 주기보다 즐거운 경험으로 다가갈 수 있는 판촉 활동 기획을 해야 합니다. 이른바 긍정적인 경험을 제공할 수 있어야 한다고 생각합니다. 또한 클라이언트들에게 매출, 브랜드 인지도, 고객 충성도에 미치는 구체적인 효과를 명확히 전달할 수 있도록 노력해야 합니다. 또한 판촉 활동이 단기 매출뿐 아니라 장기적으로 브랜드를 강화하는 데 중요한 역할을 한다는 점을 인식시킬 수 있어야 합니다. 저는 이런 내용들을 직원들에게 전달하기 위해 애를 썼습니다. 무엇보다 저 자신이 성장하기 위해 노력하고 연구하는데 많은 시간과 노력을 쏟았습니다.

감정공감자로 일하고 있습니다

다행히 직원들은 저의 이런 마음을 백 퍼센트 이해하고 따라주었습니다. 흔히들 매출은 인격이라고 말합니다. 하지만 매출은 어떤 의미에서 예술과도 같습니다. 예술 작품이 사람들의 미적 욕구를 채우는 활동이라면 우리의 일은 기업의 열망과 사람들의 필요를 잇는 아름다운 과정을 매 순간 만들어냅니다. 우리는 그냥 물건을 파는 사람이 아닙니다. 고객들의 숨은 필요를 알아채고 이를 제품으로 이을 줄 아는 예술가들입니다. 앞서 소개한 드림팀의 성과는 실로 놀라웠습니다. 당시 우리가 판매를 맡았던 D 샴푸는 불과 2년 만에 샴푸 시장 점유율이 4%에서 16%로 치솟았습니다. 개인 세정제 시장 점유율은 11%에서 27%로 뛰어올랐습니다. 비누와 액상 보습제 부문에서도 1위를 차지했습니다. 페이셜 클렌징 부문에서는 5위에서 1위로 도약했습니다. 전체 매출액이 전년보다 무려 3배 이상 늘어난 것입니다.

우선 회사가 놀랐습니다. 아무도 예상치 못한 성과라 회계 오류를 확인하기 위해 숫자를 다시 확인하는 해프닝도 있었습니다. 4년 전만 해도 자금 출혈과 사기 저하로 심각한 위기에 처해 있었던 글로벌 A사 코리아였습니다. 그런데 이런 놀라운 성과의 1등 공신이 다름 아닌 드림팀이 된 것입니다. 우리 팀은 너나 할 것 없이 감격했습니다. 그 순간만큼은 그동안의 서러움이 한 번에 날아가는 듯한 자유로움을 만끽했습니다. 아무리 직업에 귀천이 없는 시대라지만 보이지 않는 선입견이나 편견은 여전히 사회 곳곳에 남아 있습니다. 그때부터 판촉이 자본주의의 꽃과 같은 일이라고 생각하게 되었습니다.

기업들은 시장에서 살아남기 위해 차별화된 제품과 마케팅 전략을 개발하고, 이를 통해 소비자의 관심을 사로잡으며 매출을 극대화하려 합니다. 판촉은 단순히 상품을 판매하는 것을 넘어, 새로운 가치를 창출하고, 소비자의 라이프스타일을 변화시키며, 기업의 지속적인 성장을 견인하는 핵심적인 역할을 합니다. 그러나 이 자본주의의 꽃이 아름답게 피어나기 위해서는 소비자의 신뢰와 만족을 기반으로 해야 합니다. 단기적인 이익을 위해 과잉 경쟁이나 과소비를 부추기는 방식이 아니라, 소비자에게 진정한 가치를 제공하고 지속 가능한 관계를 구축하는 균형 잡힌 접근이 필요합니다. 즉, 판촉이 진정한 '자본주의의 꽃'이 되려면 일시적인 판매 촉진이 아니라 브랜드와 고객 간의 신뢰를 형성하고, 장기적인 고객 가치를 창출하는 방향으로 나아갈 수 있어야 합니다.

즐기는 자가 이긴다 - 감정 공감자들의 힘

아무리 좋은 제품을 만들어도 사람들의 손에 가닿지 못하면 무슨 소용이 있을까요. 아무리 돈이 많아도 그 제품을 적당한 시간과 장소에서 찾을 수 없다면 무의미할 뿐입니다. 저는 그렇게 우리가 하고 있는 일의 아름다움을 조금이나마 세상에 선보인 것 같은 보람과 만족을 숨길 수 없었습니다.

그렇다면 드림팀이 이런 성과를 낼 수 있었던 가장 큰 이유는 무엇일까요? 일단 우리는 일을 즐길 줄 알았습니다. 공자께서 이렇게 말씀하셨다지요. '아는 것은 좋아하는 것만 못하고 좋아하는 것은 즐기는 것만 못하다'고요. 심지어 무례한 손님 만나는 일조차 두려워하지 않았습니다. 사실 판매를 못하는 친구들은 고객들의 말 한마디에도 일일이 상처를 받곤 합니다. 하지만 드림팀은 달랐습니다. 이런 손님들을 쿨하게 받아넘길 줄 알았습니다. 그냥 저런 사람도 있는 거지, 오늘 약간 안 좋은 일이 있었나 봐, 그렇게 생각해 버리는 것입니다. 나는 이런 우리 직원들을 '감정 공감자'라 생각되었습니다.

그런데 이렇게 자기 일을 진심으로 즐기는 사람들은 손님들도 금방 알아보게 마련입니다. 심지어 스님이 샴푸를 사 가는 일도 있었습니다. 물론 스님 자신에게 필요한 제품은 아니었을 겁니다. 하지만 스님은 즐겁게 일하는 모습이 보기 좋아서, 주변 사람들에게 나눠주기 위해

사 간다는 얘기를 우리에게 전해주었습니다. 이런 것이 예술이 아니고 도대체 무엇일까요. 사람들은 예술 활동을 통해 정서적인 카타르시스를 느낍니다. 영화와 드라마를 보고 사람들이 울고 웃는 이유는 바로 이 때문입니다. 저는 그날 스님과 직원 사이에서 이런 아름다운 장면을 볼 수 있었습니다. 그리고 그것이 우리가 이 일을 하는 가장 큰 이유가 될 수 있지 않을까 생각했습니다.

브랜드가 된다는 것은

드림팀의 성공 이후 저를 바라보는 사람들의 눈빛이 달라졌습니다. 하지만 여전히 회사 안에서 제대로 된 인정과 몸값을 받는 일은 쉽지 않았습니다. 물론 단 한 번도 제 일을 소홀히 한 적은 없었습니다. 하지만 저와 같은 일을 하는 후배들과 직원들을 위해서라도 이전의 불합리한 구조 속에서 일하는 것은 옳지 않다고 생각했습니다. 드림팀의 경험을 살려 저는 글로벌 A사에서 다른 회사로 이직했습니다. 이후 3년간 본부장으로 일한 후 다시 한번 회사의 소속이 바뀌었습니다.

나의 회사를 만들다

이후 글로벌 A사에서 판촉사원을 인소싱(내부 운영) 하다가 아웃소싱(외부 위탁)으로 전환하면서 자연스럽게 글로벌 A사를 퇴사하게 되었습니다. 이후 저는 글로벌 A사의 판촉사원을 관리하는 아웃소싱 본부장으로 근무하게 되었습니다. 그러나 3년 후, 또다시 글로벌 A사 판촉사원의 소속이 다른 아웃소싱 회사로 변경되었습니다. 그리고 저는 새로운 회사로 옮기게 되었죠. 하지만 그 회사에서 저에게 내린 첫 번째 업무 지시는 뜻밖이었습니다. 추석까지만 일하고 나갈 직원들을 정리하라는 거였습니다.

그때만 해도 최저시급이라는 개념조차 없던 시절이었습니다. (최저임금법 위반에 대한 처벌 규정은 1988년 도입 당시부터 존재했습니다. 그러다 2005년 이후부터 근로감독이 점점 강화되었고, 2010년대 중반 이후부터 최저임금 위반 사업주에 대한 형사처벌이 엄격해졌습니다) 노동자의 고용이 안정적이지 않았고, 판촉사원들은 언제든 경영상의 이유로 계약이 종료될 수 있는 불안정한 환경에서 일하고 있었습니다. 저는 내 손으로 뽑은 직원들을 차마 회사 밖으로 내몰 수 없었습니다. 이후 회사를 나와 총 4개의 회사와 인터뷰를 했습니다. 그리고 드디어 나의 회사를 만날 수 있었습니다. 그렇게 2012년, 저의 이름으로 첫 사업자등록증이 나왔습니다.

그러나 대표가 된다고 해서 하는 일이 달라지는 건 많지 않았습니다. 그러나 일이 주는 책임감은 몇 배로 무거워져 제 어깨를 짓누르고 있었습니다. 모든 일이 그렇지만 대표로서 해야 할 가장 큰 일 중의 하나가 직원 관리입니다. 지금까지는 제가 열심히 하면 되는 일들이 많았습니다. 하지만 이제는 직원들을 내 맘처럼 일하게끔 하는 것이 가장 큰 목표가 되었습니다. 하지만 그 과정이 쉽지만은 않았습니다. 우리 직원들은 여름이 되면 거의 400여 명에 가까운 인원이 모기약을 팔기 위해 매장으로 나갑니다. 반면 2월이나 3월이 되면 No. 1 초콜릿을 팔죠.

그런데 이런 판촉 일을 하는 사람 중엔 MZ 세대가 많지 않습니다. 이들은 상대적으로 편하고 쉬운 일을 하고 싶어 하기 때문입니다. 그래서 우리 일은 직원 교육이 그 어느 업종보다도 중요합니다. 저는 이들 모두를 제가 목표로 하는 판촉 예술가로 키우고 싶었습니다. 요즘 세대가 마트 판촉 일을 꺼리는 걸 보면서, 처음엔 속상했습니다. '왜 이 멋진 일을 모르지?'라는 생각도 들었죠. 그런데 곰곰이 생각해보니, 저도 그 마음을 알겠더라고요. 누구든, 존중받고 싶은 거잖아요. 고객 앞에 서서 무시당할까 봐 두려운 거고, 뭔가 나만 뒤처지는 것 같아 불안한 거죠.

그래서 저는 이 일을 단지 '판매'라고 생각하지 않습니다. 고객의 마음을 움직이는 기술, 그것도 예술적인 기술이라고 믿습니다. 그래서 저는 MZ세대가 이 일을 통해, 단순히 물건을 파는 사람이 아니라 사람을 설득하고 감동시키는 '판촉 예술가'로 성장하길 바랍니다. 어쩌면 저는 판촉 예술가를 꿈꾸는 사람이고, 그 길을 함께 걸어

가 줄 사람들을 만나고 싶은 건지도 모르겠습니다

판촉이 예술이 되려면

판매 및 고객 서비스 직무는 여성 직원의 비율이 높습니다. 이는 고객 응대와 서비스 중심의 역할에서 여성 인력이 선호되는 경향이 있기 때문입니다. 그래서 단순히 지식을 전달하는 것을 넘어 감성적인 부분의 교육이 더욱 중요합니다. 왜냐하면 그 어떤 직업보다 상처받기 쉬운 환경에서 일하고 있기 때문입니다. 고지식하고 몰지각한 손님들을 수시로 응대해야 합니다. 그래서 저는 가장 먼저 직원들의 마음을 치유해 주는 프로그램을 실시하기로 했습니다. 그래서 진행한 것이 템플 스테이를 가거나 1박 2일짜리 힐링캠프를 진행했습니다. 이런 활동의 가장 큰 목표는 회사가 나를 귀하게 여긴다는 사실을 깨닫게 하는 거였습니다.

우리 회사는 1년에 보통 3천 명 이상의 판촉 여직원들을 만납니다. 이때 채용은 물론 교육까지 원스톱으로 진행합니다. 이때 저는 직원들이 자부심과 자긍심을 느낄 수 있도록 많은 대화를 하곤 합니다. 그 대화는 이들이 하는 일을 높이 평가하는 이야기가 대부분입니다. 나 홀로 아무리 '판촉 예술가'라고 떠들어도 무슨 소용일까요. 직접 그 일을 하는 직원들이 느끼고 경험하지 못한다면 아무 소용이 없다고 생각했습니다.

저는 기술이 급속히 발전하며 편리함을 추구하는 현대사회에서도 아날로그적 경험이나 인간적 연결에 대한 갈망은 계속 존재한다고 생각합니다. 키오스크나 온라인 쇼핑이 효율적이고 편리한 반면, 사람 간의 대화와 맞춤형 추천은 기계가 제공할 수 없는 따뜻함과 공감을 주기 때문입니다. 특히, 사람을 통해 물건을 구매하는 방식은 단순한 거래 이상의 경험을 제공합니다. 예를 들어, 현장에서 직접 직원과 상호작용하며 제품에 대한 정보를 얻거나 추천을 받는 과정은 신뢰를 형성하고, 제품에 대한 만족도를 높이는 데 기여할 수 있습니다. 이는 특히 고객 맞춤형 서비스가 중요한 분야에서 더욱 두드러지겠지요.

또한, 코로나 이후로 많은 사람들이 비대면 방식에 익

숙해졌지만, 이와 동시에 대면 경험의 가치를 재발견하기도 했습니다. 사람들과의 소통을 통한 구매 경험은 단순히 물건을 사고파는 행위를 넘어 감정적 만족감을 줄 수 있는 중요한 요소입니다. 물론, 모든 분야에서 사람이 다시 중심이 되기는 어렵겠지만, 특정 분야에서는 충분히 가능성이 있다고 보고 있습니다. 특히 고급 소비재, 감각적인 경험을 중시하는 분야, 혹은 개인적인 서비스가 중요한 산업에서는 사람을 통한 구매 방식이 재조명될 가능성이 높다고 생각합니다.

달라진 시장에서 살아남는 법

가장 중요한 건 우리 일의 아름다움을 직원들이 직접 경험하게 하는 것이라고 생각했습니다. 성과를 낸 직원들에게 조그만 트로피를 상으로 주기 시작했습니다. 그들의 성공담을 인터뷰로 정리하고 뛰어난 성과를 올린 직원들은 별도로 사진을 찍어 주변 직원들에게 알렸습니다. 이런 과정이 주변에서 비슷한 일을 하는 직원들에게 조금씩 소문이 나기 시작했습니다. 주변 매장에 있는 다른 회사 직원들로부터 '부럽다'는 얘기를 듣기 시작했습니다. 그러면 어느 순간 직원들이 자신의 일에 대한 자부심을 느끼기 시작했습니다.

보이는 메뉴와 인테리어는 돈을 들이면 개선할 수 있습니다. 하지만 사람과 사람이 만나는 그 찰나의 순간에 벌어지는 경험은 수없이 많은 동기부여와 내부 교육, 프라이드, 자신감, 개인의 삶까지 책임지려는 회사의 배려에서 나옵니다. 스타벅스가 어려운 회사 환경에서도 직원들의 보험을 끝까지 책임진 이유가 바로 거기에 있습니다. 비용으로만 생각했다면 결코 내릴 수 없는 그런 결정이기에 스타벅스를 대단하다고 말할 수 있는 것입니다. 그렇다면 우리가 하는 일과 스타벅스가 하는 일은 무엇이 어떻게 다를까요. 저는 큰 차이가 없다고 생각합니다. 그들이 정해진 장소에서 정해진 제품을 파는 대신 우리는 언제든 다른 곳에서 다른 제품을 판매할 수 있다는 점이 다를 뿐입니다. 그렇기에 더욱 친절하고 더욱 노력할 수밖에 없는 것이 사실입니다.

손님에게 말을 잘하는 건 그냥 스킬일 뿐입니다. 이런 기술은 배우면 충분히 늘 수 있는 것들입니다. 하지만 사람의 마음을 얻는 건 전혀 다른 종류의 역량입니다. 배운다고 되는 것도 아닙니다. 가장 필요한 것은 고객들과 '공감'할 수 있는 능력입니다. 혹 판매한 제품이 고객의 마음이 들지 않았다면 얼른 다른 제품을 제안하면서 고객의 마음을 풀어줄 수 있어야 합니다. 제품에 대한 궁금증이 있으면 바로바로 해소해 주어야 합니다. 그런 자세로 일하다 보면 같은 제품을 팔아도 매출이 달라질 수밖에 없습니다. 그렇다면 스타벅스에는 있고 우리에게 없는 것은 무엇일까요. 그들과 우리가 하는 일이 다르지 않은데 왜 스타벅스 직원들은 대우받고 인정받는 듯한 느낌을 받는 것은 무엇 때문일까요. 저는 그것이 브랜드의 차이라고 생각했습니다.

이름이 바꾸는 태도, 일의 품격

스타벅스의 직원들은 스스로를 파트너라고 부릅니다.

이로 인해 그저 커피를 판매하는 점원 이상의 그 무엇이라는 자부심을 얻게 됩니다. 룰루레몬에서 일하는 직원들은 스스로를 에듀케이터라고 부릅니다. 이들이 하는 일은 대동소이합니다. 그들이 만든 제품을 소비자들에게 설명하고 판매하고 애프터 서비스를 하는 일입니다. 그런데 룰루레몬의 직원들은 단순한 판매 직원이 아닌 교육자(에듀케이션)과 커뮤니케이터의 역할을 동시에 수행한다는 의미에서 별도의 이름을 만들어 부르고 있습니다.

이들은 실제로 제품을 판매한 이후 매장 문을 닫고 고객들에게 요가를 가르칩니다. 이때 그들의 역할은 선생님이 됩니다. 그들의 필요와 고충에 맞는 제품을 소개할 때는 커뮤니케이터가 됩니다. 그런데 이렇게 달라진 이름을 부르는 순간 직원들은 전에 없던 자부심과 만족감을 느낍니다. 자신이 하는 일의 소중함을 새삼 깨닫게 됩니다. 그렇다면 판촉 일도 그렇게 할 수 있지 않을까요? 우리 직원들도 그런 프라이드를 가지고 일할 게 있게 만들 수 있지 않을까요?

저는 우리 회사 JM과 하상미는 뭐가 달라도 다르다는 말을 들을 때 가장 큰 보람을 느낍니다. 그리고 그 이유가 바로 우리 스스로를 브랜드로 만드는 차별화된 생각과 자세라고 생각하게 되었습니다. 수년 전 코웨이는 자신들의 제품을 A/S하는 직원들에게 '코디'라는 이름을 붙여주었습니다. 그저 정수기를 청소하고 관리하는 일을 하는 사람, 그 이상의 의미와 가치를 부여하고자 함이었습니다. 우리가 매일 아침 만나는 요구르트 아줌마는 그에 맞는 복장과 장비를 가지고 우리 앞에 나타납니다. 그들은 그저 요구르트는 파는 분들이 아닙니다. 분명 우리의 건강한 아침을 돌보는 또 하나의 직업임을 부인할 수 없습니다.

우리가 곧 브랜드다 — 자부심이 만든 성과의 역사

우리 회사는 고객사들과 1년마다 재계약을 해야 합니다. 그런데 짧게는 1년, 길게는 10년 이상씩 함께 일할 때도 있습니다. 저는 가장 큰 이유가 우리 일의 가치와 가능성에 직원들이 눈을 떴기 때문이라고 생각합니다. 이런 자부심은 곧바로 결과로 이어집니다. 자신의 제품과 서비스에 자신감을 가진 직원들의 눈빛과 목소리, 동작은 남다를 수밖에 없습니다. 누가 뭐래도 우리가 하는 일이 가진 가치를 깨닫고 일하는 직원들은 반드시 성과를 만들어냅니다. 실제로 우리와 함께 일하는 글로벌 브랜드 제품은 무려 22년 동안 1등을 놓치지 않고 있습니다. 그중 17년을 다름 아닌 저희 회사와 일하고 있습니다. 저는 이 사실이 너무나 자랑스럽습니다. 말이 아닌 행동을 통해, 매출을 통해 우리 일의 가치를 매 순간 입증하고 있다고 확신하기 때문입니다.

물론 우리의 앞길에 장밋빛 전망만 있는 것은 아닙니다. 모두가 알다시피 최근 4, 5년 사이 온라인 시장이 엄청나게 성장을 했습니다. 당연히 우리가 하는 일과 시장이 위축되고 있는 것도 사실입니다. 자연스럽게 우리가 하는 일의 경쟁력에 대해 생각하지 않을 수 없습니다. 그리고 그 고민의 답은 우리 자신이 스스로 브랜드가 되어야 한다는 거였습니다. 불과 수년 전만 해도 사람들은 일주일에 한 번씩 매장에 들러 마트에서 장을 보곤 했습니다. 하지만 지금은 다릅니다. 필요한 게 있으면 언제든지 온라인으로 주문할 수 있게 되었습니다. 이제 사람들은 인터넷을 통해 너무나 많은 정보를 얻습니다. 그러니 굳이 판촉 직원들의 설명을 들을 필요가 없을 수도 있습니다. 그래서 이 일을 더욱 주체적으로 일할 수밖에 없는 상황을 맞고 있습니다. 그래서 저는 '그거 몰라요' '그거 안 돼요'라는 말을 직원들이 절대 못 하게 합니다. (마트에서 판촉사원이 고객에게 하면 안 되는 3불 용어) 적어도 매장 안에서만큼은 어떤 제품이라도 찾아서 제공하는 것, 그것이 우리 업의 자부심을 지키는 가장 중요한 역할이라고 생각하기 때문입니다.

  10년 이상 다양한 고객사와 협력하며 형성된 강력한 파트너십과 네트워크는 우리 회사의 가장 중요한 자산입니다. 이는 단순한 거래 관계를 넘어, 고객사와 같은 목적지를 향해 함께 달려가는 동반자적 역할을 의미합니다. 또한, '고객사의 돈은 곧 내 돈'이라는 마인드로, 고객사가 제공하는 POSM(Point of Sales Materials, 판촉물)

도 효율적으로 관리하고 재활용할 수 있는 방법을 끊임없이 고민합니다. 작은 차이가 쌓여 큰 신뢰를 만들어낸다는 것을 우리는 경험을 통해 배웠습니다.

판촉, 브랜딩이 되다

우리는 고객의 변화하는 요구와 시장 트렌드에 민감하게 대응하는 것을 핵심 가치로 삼고 있습니다. 실제로 코로나 팬데믹 당시, 판촉사원의 대면 교육이 어려운 상황에서 '판TV - 이판사판완판'이라는 업계 최초의 언택트 교육 플랫폼을 운영했습니다. 이를 통해 시간과 장소의 제약 없이 누구나 동일한 제품 교육을 반복해서 시청할 수 있도록 지원하며, 판촉 교육의 새로운 기준을 제시했습니다. 이처럼 우리는 단순한 변화가 아닌 지속적인 혁신을 통해, 시장을 선도하고 고객사와의 신뢰를 더욱 견고히 다져가고 있습니다.

저는 브랜딩이란 사람들에게 제품과 서비스를 통해 '가치'를 전달하는 과정이라고 생각합니다. 그런데 이때 브랜드에서 말하는 가치는 다양한 의미를 가집니다. 그중 첫 번째는 기능적 가치입니다. 제품이나 서비스가 소비자의 실질적인 문제를 해결하거나 욕구를 충족시키는 능력을 의미하죠. 예를 들어 나이키의 운동화는 뛰어난 품질과 성능을 제공합니다. 애플의 제품은 사용 편의성과 기술적 혁신을 강조하죠. 즉 기능적 가치란 소비자가 해당 제품을 구매했을 때 직접적으로 얻는 효용을 의미합니다.

두 번째는 사회적 가치입니다. 브랜드가 소비자의 사회적 위치나 소속감을 드러내는 데 기여하는 방식을 말합니다. 루이비통은 고급스러움과 성공의 상징하고, 테슬라는 지속 가능성과 혁신적 라이프스타일을 반영합니다. 이런 브랜드를 통해 소비자들은 자신의 정체성을 표현하거나 사회적 연결감을 얻습니다. 세 번째는 윤리적 가치입니다. 브랜드가 환경, 사회, 윤리적 책임을 다하고 있다는 점에서 오는 소비자의 긍정적 평가를 의미합니다. 파타고니아는 환경 보호와 윤리적 생산을 중심으로 브랜드 이미지를 구축해 왔습니다. 이는 브랜드가 소비자 가치관과 일치할 때 생기는 신뢰와 충성도를 말합니다.

네 번째는 상징적 가치입니다. 이는 브랜드가 문화적, 사회적 맥락에서 갖는 의미나 상징성을 의미합니다. 예를 들어 할리 데이비슨은 자유와 개성을 상징합니다. 즉 브랜드가 개인이나 사회에서 특정 의미를 내포하게 되는 현상을 말합니다. 마지막으로 사람들은 브랜드를 통해 정서적 가치를 얻기도 합니다. 이는 브랜드가 소비자에게 제공하는 심리적 만족감이나 감정적 연결을 의미하죠. 스타벅스는 '편안하고 고급스러운 경험'을 제공합니다. 디즈니는 '행복과 추억'을 선사하죠. 저는 여기에 우리가 하는 판촉 일의 가치가 있다고 생각했습니다.

판촉 일은 단순히 물건을 하나 더 팔기 위한 노력 그 이상의 의미를 가집니다. 우리는 마케팅의 최전선에서 제품을 통해 소비자들과 다양한 니즈를 직접 만납니다. 그리고 그 과정에서 관계를 만들어가죠. 그 과정에서 사람들에게 편안함과 행복과 추억을 선사할 수 있습니다. 저는 이 과정이 예술가가 하나의 작품을 만들어가는 과정과 비슷하다고 생각했습니다. 화가와 음악가들이 예술을 하는 이유는 단순한 자기 만족 때문이 아닙니다. 작품을 바라보는 관객들에게 눈에 보이지 않는 정서적 가치를 전달하기 위해서입니다. 마치 판촉 일을 하는 우리처럼 말입니다. 이것이 제가 우리 일을 '예술'이라고 부르고 싶은 이유입니다.

이름에 걸맞는 삶을 사는 법

　우리 회사는 한 마디로 '인력 아웃소싱 판촉 회사'입니다. 저는 이 일을 무려 30년 가까이 해왔습니다. 물론 모두가 선망하는 직업이 아니라는 것을 잘 알고 있습니다. 하지만 저는 스스로 누구도 대체할 수 없는 그런 일을 하고 있다고 자부하고 있습니다. 의사나 검사, 변호사처럼 아무리 사회적인 인정을 받는 직업이라 해도 자신의 일에서 보람을 느낄 수 없다면 무슨 소용일까요? 저는 우리 회사 직원들이 이 일을 통해 스스로를 인정하게 되기를 바랍니다. 또한 타인으로부터도 인정받기를 원합니다. 그래서 어딜 가든 저와 제 회사를 소개할 때면 자신 있게 '판촉 예술가'라고 소개하곤 합니다. 판촉을 예술의 경지까지 끌어올리고 싶다는 열망 때문입니다.

세상에서 가장 어려운 일

이런 이름에 걸맞은 일을 하기 위해 가장 필요한 것이 바로 '주인의식'을 심어주는 일이었습니다. 저 자신 또한 '주인처럼 일한다'는 모토로 일해온 지 오래입니다. 그래서 판촉을 예술의 경지로 올려놓는다는 마음으로 일하고 있습니다. 그렇게 일하다 보면 결국 매출도 눈에 띄게 달라지곤 했습니다. 사실 우리가 하는 일, 즉 서비스업은 '감정노동'이라고들 많이 이야기합니다. 하지만 제 생각은 다릅니다. 우수한 제품을 충분한 소통과 공감을 통해 소비자들에게 필요한 제품을 전달하는 중요한 일이라고 생각합니다. 한마디로 우리는 '감정공감자'인 셈입니다.
프랜차이즈 식당이나 카페 등에서 키오스크를 만나

는 일이 일상인 시대가 되었습니다. 그런데 은행에서는 직원이라도 붙잡고 이야기를 하고 싶어 하시는 어르신들이 심심찮게 만날 수 있습니다. 마트에서 판촉 일을 하는 사람들은 굳이 자신에게 와서 아들 자랑을 하는 손님들을 종종 만나곤 합니다. 베이비부머 세대인 70년대생들이 본격적인 은퇴를 하면서 시니어 시장은 점점 더 커지고 있습니다. 이들은 여전히 아날로그 시대의 정서를 여전히 기억하는 사람들이지요. 사람과 사람만이 주고받을 수 있는 어떤 따뜻함의 가치를 기억하고 있는 세대입니다. 우리는 이런 사람들을 일종의 '감정공감자'로 불러보기로 했습니다. 바로 AI가 대신할 수 없는 그런 일들을 하는 사람들인 셈이지요.

제가 아는 어떤 분은 70대의 나이에도 불구하고 엄청나게 바쁘게 살고 계십니다. 코카콜라 같은 외국계 기업의 임원으로 일한 경험을 살려 대기업 임원을 코칭하는 일을 하고 계시죠. 이때 필요한 것은 개인의 경험과 사람에 대한 이해와 공감의 능력입니다. 실제로 기업의 임원들은 엄청난 스트레스를 일상적으로 경험하며 살아가는 사람들입니다. 이들에게는 자신과 비슷한 경험을 한 사람, 자신의 어려움을 들어주고 공감해 줄 수 있는 사람들입니다. 그래서 코칭 비용도 비쌀 수밖에 없습니다. 왜냐하면 이건 어려운 일이니까요. 그래서 '어린 왕자'라는 동화에는 다음과 같은 대화가 나옵니다.

"세상에서 가장 어려운 일은 사람이 사람의 마음을 얻는 일이란다. 각각의 얼굴만큼 다양한 각양각색의 마음을. 순간에도 수만 가지의 생각이 떠오르는데, 그 바람 같은 마음이 머물게 한다는 건, 정말 어려운 거란다."

판촉을 넘어 감정공감자로

마트에서 사람들에게 물건을 권하는 일을 우리는 '판촉'이라고 부르곤 합니다. 그리고 그 단어에는 직업에 대한 약간의 가치 판단이 들어있는 것도 사실입니다. 하지만 저는 이 직업의 본질을 '커뮤니케이션'이라고 생각합니다. 그런 이유 때문에 어떤 판촉 직원은 스님에게 샴푸를 팔기도 하는 겁니다. 그저 물건 하나 더 팔려는 사람은 많았지만 스님의 이야기를 들어주고 공감해 주고 이해해 주는 사람들이 그다지 많지 않았기 때문이겠지요. 저는 이런 직업을 가진 사람들을 '감정 공감자'로 부르기로 했습니다. 타인의 마음을 이해하고 공감해 주는 그 어려운 일을 해내는 사람들이기 때문입니다. 그리고 이것은 자신의 업에 대한 자부심이 필요한 수많은 사람들에게 필요한 의미 부여라고 생각합니다.

TV가 처음 등장했을 때 사람들은 말했습니다. 영화 산업은 곧 망할 것이라고 말입니다. 그러나 영화 시장은 사라지지 않았습니다. 오히려 더 좋은 영화, 더 좋은 감독이 계속해서 등장했습니다. 그 결과 우리나라의 봉준호, 박찬욱 감독은 세계적인 거장의 반열에 오를 수 있었지요. 그렇다면 그 이유는 무엇일까요? 비디오의 시대를 지나 오늘날 우리는 OTT로도 어떤 영화든 볼 수 있게 되었습니다. 그러나 영화관이 주는 그 특별한 경험은 TV의 작은 화면으로 대신할 수 없었습니다. 거대한 화면 앞에서 팝콘을 먹으며, 웅장한 사운드와 화면 앞에서 사람들과 함께 울고 웃는 시간을 무엇으로 대신할 수 있을까요?

빅 데이터를 다루는 송길영 대표는 어느 대담 프로그램에서 이런 이야기를 한 적이 있습니다. 미래에도 여전히 AI가 대신할 수 없는 직업이 무엇인가에 관한 이야기였죠. 그는 사람을 전제로 한 직업은 사라지기 어렵다고 말했습니다. 종교인이나 상담가처럼 사람들의 관계를 기반으로 한 직업은 더 깊어지고 커질 것이라고 덧붙였죠. 아울러 태어난 사람, 아픈 사람, 돌아가신 분을 돕는 직업은 남는다고도 말했습니다. 어렵고 수고스러운 일은 남을 것이며 기여와 진정성이 경쟁력으로 치환된다고도 이야기했죠. 그러면서 지금부터 해야 될 일은 행위를 파는 게 아니라 의미를 팔아야 한다고 주장했습니다.

어느 날 TV 프로그램에서 30년 이상 떡볶이 떡을 만들어온 분의 이야기를 듣게 되었습니다. 지금도 밤이면 한글 맞춤법을 공부한다는 이분은 그 일을 막 시작하던 때에 어떤 대접을 받았을까요? 분명 존경받는 직업은 아니었을 게 분명합니다. 하지만 그는 자신의 일을 사랑했고, 그 결과 떡볶이 브랜드가 어느 때보다도 사랑받는 지금까지 자신의 업을 이어올 수 있었습니다. 나는 이분이 30년 동안 이 일을 이어온 힘은 자신의 업에 대한 사랑과 자부심 때문이라고 생각합니다. 단순히 생계를 잇기 위해서 이 일을 해왔다면 지금과 같이 환한 얼굴로 대학생 딸의 존경을 받기는 어려웠을거라 생각하기 때문입니다. 또한 이것이야말로 송길영 씨가 말한 행위를 파는게 아닌 의미를 파는 일의 살아있는 사례로 이야기할 수 있지 않을까요?

일의 격을 높이는 선택 ― 소수를 위한 깊은 신뢰

제가 이 일을 한 지는 30년 이상, JM이라는 회사를 만든 지는 16년 차가 되었습니다. 하지만 그저 오래 해왔다고 해서 그냥 재계약이 이뤄지진 않습니다. 특히나 최근 5년은 단가 경쟁력까지 보여줘야 하는 어려운 상황을 맞고 합니다. 반면에 최저 시급은 훌쩍 뛰어서 오히려 회사 마진을 낮출 수밖에 없는 상황을 마주하곤 합니다. 이런 상황에서 판촉을 예술의 격으로 올려놓겠다고 다짐하는 것이 쉽지는 않습니다. 하지만 지금은 생각을 바꿨습니다. 소수의 회사와 오랫동안 함께 가기로 말입니다. 그래서 우리는 클라이언트의 수가 아닌 제공하는 서비스의 질에 집중하기로 전략을 고쳐 세웠습니다.

사람들은 누구나 인정 욕구가 있게 마련입니다. 그런데 그 쉬운 인정을 안 해주는 회사들이 얼마나 많은가요. 그래서 직원들은 계약서대로, 돈 받은 만큼만 일하면 그만이라고 생각하는 겁니다. 그러나 이들을 제대로 대우해 주면 그 혜택은 고스란히 고객에게로 이어집니다. 이들의 기분 좋은 한마디가 사람들의 하루를 바꾸기도 합니다. 그렇다고 해서 제가 이 일에 처음부터 프라이드를 가졌던 것은 절대 아닙니다. 힘든 일도 많았고 심지어 욕을 들을 때도 있었습니다. 하지만 저는 우리 직원들이 사람들과 공감하고, 대화하고, 호흡하면서 소비자의 마음을 얻는 그 어려운 일을 하고 있다고 생각했습니다.

종종 '나 이 일을 오래 안 할 거에요. 제가 왜 이 일을 해요'라고 말하는 사람을 종종 만나곤 합니다. 자신이 하고 있는 일에 대한 자부심, 자존감이 낮은 사람들입니다. 자신의 가치를 낮추는 사람들입니다. 이런 사람들은 절대 그 일을 하면 안 됩니다. 회사에도 자신에게도 결코 좋은 일이 아니기 때문입니다. 저는 도리어 이렇게 질문하고 싶습니다. '그럼 진짜로 하고 싶은 일이 뭔가요? 가장 잘할 수 있는 일을 하세요.' 하루 최선을 다해 일하고 집에 갈 때 부끄럽지 않으면 그걸로 된 겁니다. 자기 일이 신나야 고객을 만나도 신이 납니다. 이렇게 자기 일을 좋아하는 사람들은 물건도 잘 팔기 마련입니다.

일의 태도가 작품이 될 때 - 판촉을 예술이라 부르는 이유

판촉 일은 단순히 물건을 하나 더 팔기 위한 노력 그 이상의 의미를 가집니다. 우리는 마케팅의 최전선에서 제품을 통해 소비자들과 다양한 니즈를 직접 만납니다. 그리고 그 과정에서 관계를 만들어가죠. 그 과정에서 사람들에게 편안함과 행복과 추억을 선사할 수 있습니다. 저는 이 과정이 예술가가 하나의 작품을 만들어가는 과정과 비슷하다고 생각했습니다. 화가와 음악가들이 예술을 하는 이유는 단순한 자기만족 때문이 아닙니다. 작품을 바라보는 관객들에게 눈에 보이지 않는 상징적 가치를 전달하기 위해서입니다. 마치 판촉 일을 하는 우리처럼 말입니다. 이것이 제가 우리 일을 '예술'이라고 부르고 싶은 이유입니다.

제게 가장 중요한 과제는 내가 가진 일에 대한 자부심을 어떻게 다른 직원들에게 전할 것인가입니다. 같은 일을 하더라도 누군가는 이를 '감정노동'이라고 표현하지만, 저는 '감정 공감'으로 이해합니다. 감정노동은 고객의 요구에 맞춰 억지로 감정을 조절하는 힘든 과정으로 여겨질 수 있지만, 감정 공감은 고객의 입장에서 생각하고 진심 어린 서비스로 연결되는 긍정적인 과정입니다.

내가 하는 일을 가치 있게 여길 때, 그 감정은 자연스럽게 전파됩니다. 그리고 이는 직원들에게도, 고객들에게도 신뢰로 이어진다고 믿습니다. 그리고 그 차이는 결국 내가 이 일을 어떻게 바라보느냐에 달려 있다고 생각합니다. 그래서 저는 이왕이면 내가 하는 일을 긍정적으

3부. 조현민의 온도

자동차 산업 현장에서 오랜 시간 일해온 저자는 전기차를 단순한 기술 혁신이 아닌 '사람과 삶을 연결하는 매개'로 바라본다. 전기차 시장의 흐름을 깊이 들여다보며, 그 안에 담긴 관계, 공간, 미래 사회의 변화를 탐색해왔다. 기술 너머의 사람 이야기를 전하고 싶다는 마음으로 이 글을 써내려갔다.

로 바라보고, 그 안에서 의미를 찾아가려 합니다. 내가 스스로 자부심을 느끼며 일한다면, 그 에너지는 자연스럽게 고객에게도 전달될 것입니다. 일의 가치와 의미를 찾는 순간, 단순한 업무가 아니라 '누군가에게 꼭 필요한 일'이 될 수 있다고 믿습니다.

조현민의 프롤로그

돌이켜보면, 우리는 스마트폰의 등장을 그저 신기한 기술의 발전으로 받아들였을 뿐, 그것이 가져올 삶의 변화를 깊이 생각하지 못했습니다. 전기차 역시 마찬가지입니다. 사람들은 전기차의 등장을 혁신적인 기술의 발전으로 보지만, 그것이 우리 삶에 가져올 변화와 '사람' 사이의 '연결'에 대해서는 간과하는 경우가 많습니다.

저는 오랜 기간 자동차 관련 분야에서 일하며 전기차 시장의 성장 과정을 지켜보았습니다. 이 과정에서 전기차 시장의 가능성과 함께, 그 이면에 숨겨진 다양한 이야기들을 발견할 수 있었습니다.

이 책의 3부에서는 제가 경험하고 고민해 온 전기차 시장의 성장과 그 안에서 사람과 사람을 잇는 '연결력'에 대한 이야기를 담았습니다. 전기차라는 기술적 혁신이 어떻게 사람들의 삶을 변화시키고, 새로운 관계와 소통 방식을 만들어내는지 함께 고민해 보고자 합니다. 이 글을 읽는 여러분도, 전기차를 통해 만들어지는 새로운 '연결'을 경험하고, 더 나아가 우리 사회의 미래를 함께 그려볼 수 있기를 바랍니다.

아이폰을 대수롭지 않게 생각하던 사람들

2009년 12월, 아이폰이 우리나라에 처음으로 출시되었습니다. 그때 저는 공교롭게도 국내 1위 통신회사를 계열사로 가진 대기업에서 일하고 있었습니다. 하지만 아이폰은 KT에서만 개통이 가능했습니다. 그때는 자신이 다니는 기업의 통신사가 아닌 곳에서 핸드폰을 개통하는 것은 일종의 배신? 내지는 굳이 그렇게까지? 라는 눈총을 받던 시기로 기억합니다. 하지만 새로운 제품에 대한 호기심이 더 컸던 저는 멀쩡한 폰을 놔두고 아이폰 3GS를 기어이 하나 더 개통하고야 말았습니다. 제가 사용하던 통신사에서 개통을 기다리고 있기엔 너무나도 궁금했기 때문입니다.

그렇게 눈치 보며 구입한 아이폰은 당시 경쟁 스마트폰이라며 이야기하던 옴니아 같은 제품들과는 확실히 다른 차원의 제품이었습니다. 그야말로 완전히 다른 세상의 제품이라는 느낌을 받았습니다. 그리고 이 새로운 문물(?)을 어서 알려야 한다는 생각에 아이폰을 들고 다니며 같은 회사 동료와 선배들에게 이 폰의 장점과 애플리케이션의 특징을 신이 나서 설명하곤 했습니다.

이런 저의 행동에 공감과 관심을 가져주는 분들도 있었지만, 대부분의 반응은 대체로 시큰둥한 편이었습니다. 오히려 '지금 폰으로도 충분하다(핸드폰이 전화만 잘 터지면 되었지, 굳이 뭐 한다고 잡다한 기능 찾아가며 쓰냐)'는 분위기였습니다. 심지어 제가 좀 유난스럽다는 핀잔을 듣기도 했습니다. 아무리 아이폰의 장점과 가능성을 설명하고, 세상을 바꿀 폼팩터라고 이야기해도 받아들일 생각이 없는 사람들이 더 많았습니다. 스마트폰이란 것은 그저 여러 잡다한 기능을 갖춘, 얼리어답터들이나 열광하는 유난스러운 제품 정도로 생각하던 사람들이 훨씬 많았던 그 시기를 저는 지금도 또렷하게 기억하고 있습니다.

2010년의 데자뷰를 보다

그런데 8개월쯤 지나자, 삼성에서 아이폰과 비슷한 스마트폰을 내놓았습니다. 바로 갤럭시 S1이었습니다. 그리고 이 폰이 출시된 지 1년이 채 지나지 않아 대한민국의 스마트폰 가입자 수는 무려 1천만 명을 돌파하게 됩니다. 대한민국의 저력을 다시 한번 확인할 수 있었던 시기였습니다. 그뿐 아닙니다. 2, 3년 정도가 지나자 이러한 모바일 환경을 활용한 앱들이 봇물 터지듯 출시되기 시작했습니다. 오래지 않아 어마어마한 스타트업들이 줄줄이 등장하고 무섭게 성장하기 시작하더군요. 제가 굳이 아이폰 이야기를 꺼내는 이유는 지금의 상황이 그때와 비슷하다고 생각하기 때문입니다. 마치 데자뷔를 보는 듯한 기분이랄까요. 2009년의 아이폰의 등장, 그리고 2010년 삼성의 갤럭시의 등장과 스마트폰 시대로의 전환을 비교적 또렷하게 기억하고 있는 저에겐 몇 년 뒤 전기차의 등장은 기시감을 들게 하는 무언가가 있었습니다.

사실 전기차의 역사는 무려 100여 년 전으로 거슬러 올라갑니다. 이미 내연기관과 경쟁에서 한번 패배를 맛본 아이템이기도 한 전기차이지만, 관련 기술의 발전과 기후 환경 위기의 도래와 함께 전기차는 다시금 주목받고 있습니다. 바로 이 시장에 혜성같이 등장한 테슬라 때문입니다. 오늘날 우리가 너무나 잘 알고 있는 이 회사는 기존과 전혀 다른 문법으로 시장에 혁신을 불러일으키고 있습니다. 피처폰 전성시대에 스마트폰을 들고나온 애플의 아이폰과 같이, 테슬라는 기존 완성차 업체들이 내놓는 공식과는 전혀 다른 자동차를 내놓고 있습니다. 또한 높은 성능과 혁신으로 시장을 이끌어 가는 리더로 무한 성장을 이끌어가고 있습니다. 그리고 자연스럽게 '그렇다면 이후 자동차 시장의 구도'를 생각하지 않을 수 없었습니다.

사실 2010년대 초반, 스마트폰 시장이 전성기를 구가하던 시기에도 유사한 이야기가 있었습니다. '스마트폰의 시대가 가면 이른바 스마트카의 시대가 올 거다'라는 전문가들의 예견이 이미 10년 전에도 넘쳐났기 때문입니다. 이런 스마트카의 모습에 가장 근접한 방식으로 진화, 발전해 나간 업체가 바로 테슬라입니다. 이 회사는 내연기관에서 전기차로의 전환을 이야기하면서 자율주행 기술을 현실화하기 위해 부단히 노력해 왔습니다. 그 결과 최근까지도 꾸준한 성과를 내며 해당 영역에서 테슬라의 지배력이 점점 더 높아지고 있는 것이 현실입니다.

노키아와 모토로라 같은 피처폰 시대의 공룡들은 스마트폰으로의 신속한 전환을 이루지 못해 해당 영역에서 도태되었습니다. 이후 애플의 아이폰과 삼성의 갤럭시 시리즈가 스마트폰 시대의 경쟁자로 우뚝 섰던 과거를 우리 모두가 기억하고 있습니다. 그렇다면 테슬라의 전기차가 이끌고 나아가는 새로운 시대의 변화를 지켜보며 우리는 어떤 생각을 할 수 있을까요? 전통적인 자동차 제조업 강자인 독일과 일본의 자동차 회사들을 제치고, 현대와 기아가 새로운 전기차 시대를 열 수 있을 거란 기대를 자연스럽게 할 수 있지 않을까요?

물론 핸드폰과 자동차는 구매 단가 자체가 다르고, 교체 주기 등도 다릅니다. 그래서 단순히 이 둘을 비교하기엔 어려움이 있습니다. 하지만 핸드폰의 교체 주기를 2년, 자동차의 교체 주기를 8년에서 10년 정도로 잡게 된다면 어떤 예측을 할 수 있을까요? 1년 만에 무려 1천만 명의 사용자가 스마트폰으로 넘어온 이력을 갖고 있는 대한민국이라면, 앞으로 5~10년 사이에 엄청난 변화의 시기를 맞이하게 될 거라 생각해볼 수 있지 않을까요? 다시 한번 애플 대 삼성이 자웅을 겨루는, 그 영광의 시기를 기대하게 되는 건 이런 이유 때문입니다. 그래서 저는 피처폰의 시대에 아이폰을 들고 다니던 그 심정으로 다양한 사람들을 만나고 있습니다. 다만 당시엔 그저 얼리어답터 정도의 마음이었다면, 지금은 새로운 시대를 준비하는 시장의 당당한 플레이어라는 점이 달라졌을 뿐입니다.

전기차 충전 커넥터 부품 사업을 시작한 이유

저는 전기차를 충전하는 데 없어서는 안 될 주요 부품 중 하나를 시장에 공급하고 있습니다. 바로 '전기차 충전 커넥터'입니다. 전기차가 힘차게 달릴 수 있도록 에너지를 충전할 수 있도록 이어주는 '커넥터'를 판매하는 것이 시장에서의 저의 역할입니다. 물론 아이폰으로 인해 새로운 모바일 세상이 열린 것을 전기차 시장과 비교하는 것은 아직 성급한 예측일지 모릅니다. 그러나 사람들은 좋은 것을 보면 가까운 가족이나 지인, 친구들과 나누고 싶어 하기 마련입니다. 저 역시 재미있는 영화나 맛있는 음식을 보면 부모님이나 가까운 지인들에게 추천하며 한 번씩 더 들르곤 하니까요. 지금 제가 충전기 사업을 하고 있는 전기차 영역도 마찬가지입니다.

저는 SK네트웍스라는 회사에서 8년 정도 일했습니

다. 그중 7년을 자동차 관련된 일을 했으니 어쩌면 지금 제가 하는 일이 우연만은 아닌 듯합니다. 그런데 지금의 아내를 만나 결혼하고 사랑하는 아이를 낳은 지 얼마 지나지 않았을 때의 일입니다. 어느 날 장인어른께서 가족 식사를 하는 자리에서 더 나이가 들기 전에 직장 생활은 그만두고 사업을 해야 하지 않겠냐고 말씀하시는 게 아닌가요. 사실 저는 당시 다니고 있던 회사에 꽤 만족을 하고 있었습니다. '최고의 복지는 동료'라는 말이 있는 것처럼, 오랜 기간 함께 일해온 동료들과의 호흡이 좋았기 때문입니다. 어느 정도 익숙해진 직장을 나올 이유는 전혀 없었습니다. 하지만 그 와중에도 '마흔 살 넘기기 전에 자기가 하고 싶은 일은 한번 도전해 봐야 하지 않겠는가'라는 장인어른의 거듭된 권유를 물리치기 어려웠습니다. 결국 직장을 옮겨 장인 어른의 회사로 적을 옮겼습니다. 물론 처음엔 제가 하고 싶은 일을 도전해 보겠다는 꿈을 안고 장인어른 회사로 합류하게 되었습니다. 하지만 막상 입사하고 나니 상황이 그렇게 호락호락하지만은 않았습니다. 제가 하고 싶었던 새로운 사업보다는 기존 비즈니스 현안에 신경 쓰지 않으면 안 되는 상황이 계속되었기 때문입니다. 그때 제가 새롭게 발굴하고 키워낸 신사업 아이템이 바로 지금의 전기차 충전 커넥터 사업이었습니다.

비어있는 시장을 읽어내다

정부의 정책으로 인해 직전에 다녔던 회사를 포함한 다수의 대기업이 수년 전부터 뛰어들어 관련 사업을 영위하고 있었습니다. 하지만 생각보다 사업의 발전 속도가 너무 더딘 데다 오랜 기간 투입된 자본 대비 수익이 보전되지 않자 기업들이 하나둘씩 사업을 접는다는 소문이 들려오고 있었습니다. 그러나 그 와중에도 전기차 충전 인프라 사업은 매년 예산을 늘려가며 지속되고 있었기에 오히려 이때가 기회구나 싶은 생각이 들었습니다. 다수의 기업이 시장에서 철수하는 지금이야말로 삭은 기업이 오랜 기간 공을 들여서 성장시킬 수 있는 기회라고 생각했습니다. 그래서 본격적으로 시장에 뛰어들기로 했습니다. 당시엔 한전이나 환경부의 충전기 보조금 사업이 주를 이루던 시기였던지라 어느 정도 사업 예측이 가능했습니다. 또한 중소기업들은 국내에서 수급하기 힘든 부품들을 해외에서 각자 수입해서 조달하고 있었습니다. 구매 수량이 적으니 당연히 구매 단가는 비쌌습니다. 따라서 전체적으로 충전기 가격 역시 매우 높았습니다. 저는 이러한 시장 상황을 연구하면서 대부분의 전기차 충전기 제조사들을 거래처로 끌어들이며 바닥을 다지는 시간을 보냈습니다. 높은 가격으로 수입할 수밖에 없었던 상황을 개선함과 동시에 국내 연간 구매 수요를 기반으로 전체 물량에 대한 가격 경쟁력을 확보했습니다. 그 결과 시장에 좀 더 저렴한 가격으로 제품 공급 라인을 만들어 시장에서의 경쟁력과 기여도를 조금씩 높여 나갔습니다. 그렇게 4년 정도가 지나 신사업 아이템이 어느 정도 무르익을 무렵, 뜻한 바가 있어 '이볼루션'이란 이름으로 독립하여 새롭게 사업을 시작하게 되었습니다.

저는 전기차 충전과 관련된 주요 부품을 시장에 공급하는 사업자입니다. 그래서 자동차 산업에서 전기차로의 신속한 전환은 제 사업의 성장과 성공에도 무척 중요한 사안입니다. 제가 판매하는 아이템의 품질이 떨어지거나 고객의 신뢰를 얻지 못한다면 이는 결국 전기차에 대한 고객 경험을 좋지 않게 만드는 것입니다. 이는 단순히 부품 공급의 문제뿐만 아니라 전기차에 대한 대중의 호의와 관심을 저버리는 행위이기도 합니다.

내 일, 내 업에 진심이어야 할 이유를 찾다

저는 지금도 테슬라를 비롯한 다양한 국내외 전기차를 직접 타고 다닙니다. 또한 지인들의 전기차 시승을 자처하거나 좋은 차종을 추천하면서 전기차의 장점을 널리 알리기 위해 다양하게 노력하고 있습니다. 많은 사람들에게 전기차의 편리함을 더 많이 알리고 싶다는 생각 때문입니다. 마치 아이폰이 등장하던 그해, 애플의 영업사원도 아니면서 열띤 홍보를 하고 다녔던 것처럼 말입니다.

하지만 스마트폰과 전기차 시장은 비슷하면서도 다른

점이 많습니다. 일단 스마트폰과 달리 전기차 시장은 내연 기관 자동차와 관련된 산업이 너무나 방대합니다. 핸드폰은 더 좋은 제품이 나오면 쉽게 옮겨갈 수 있지만 자동차 시장은 그렇지 않습니다. 자동차 제조사뿐만 아니라 1티어, 2티어, 3티어까지 관련 부품 산업만 해도 그 규모가 상당합니다. 정유 산업, 정비 산업, 자동차 애프터마켓 까지 연계된 사업자와 종사자들까지 생각하면 정말 이루 헤아리기 힘들 정도로 많습니다.

또한 전기차는 제품 가격이 무시할 수 없을 정도로 비쌉니다. 보조금을 받는다 해도 아무나 선뜻 살 수 없는 것이 바로 전기차입니다. 마음만 먹으면 바꿀 수 있는 스마트폰 시장과는 그 변화의 속도가 더딜 수밖에 없습니다. 그러나 어차피 자동차 시장은 전기차로 바뀔 수밖에 없을 거라 생각합니다. 지금 세계는 화석연료를 벗어나 새로운 에너지원을 찾기 위해 혈안이 되어 있기 때문입니다. 예를 들어 중동의 사우디아라비아 같은 나라는 태양광 발전 사업에 천문학적 자금을 쏟아붓고 있습니다. 더 이상 화석연료를 에너지원으로 쓰지 않는 세상이 올

거라는 사실을 알고 있기 때문입니다. 우리나라의 경우도 마찬가지입니다. 배터리 시장에 가장 많은 투자를 하는 회사들은 다름 아닌 정유사를 가지고 있던 대기업들입니다.

그러나 이러한 변화는 전기차 시장이 가져올 변화 중 아주 일부에 불과합니다. 단순히 내연 기관이 사라지고 전기 모터로 움직이는 자동차가 등장하는 정도의 변화가 아닙니다. 본격적인 스마트카 시장을 열어갈 자율주행 시대는 이제 더 이상 공상과학 속 얘기가 아닙니다. 이미 현실 속에서 구현되고 있는 일입니다. 애플의 아이폰이 만들어낸 놀라운 변화처럼 전기차로의 신속한 전환은 새로운 산업과 시장의 등장을 가속화할 것이 분명합니다. 그리고 우리의 일상을 또 한 번 놀랍게 바꿔나갈 것입니다. 우리의 일상과 삶을 바꿔 나갈 전기차 시대로의 전환이라는 주제에 제가 제 인생을 걸고 진심을 다하고 있는 이유는 이 때문입니다.

아이폰의 뒤를 이어 삼성이 갤럭시S 폰을 내놓으며 스마트폰 시장의 대체제이자 경쟁자로 세계시장에 우뚝

선 데에는 채 몇 년이 걸리지 않았습니다. 애플의 대항마로 삼성의 갤럭시S1이 출시되자 불과 1년 만에 스마트폰 사용자 수가 1천만 명을 넘은 나라, 그것이 바로 대한민국입니다.

중국 시장을 주목하는 이유

삼성은 누구보다 빠르게 스마트폰 시장에 적응했습니다. 그리고 세계시장에서 유일하게 애플과 어깨를 나란히 하며 성장을 거듭했습니다. 그렇게 애플과 삼성이 세계시장을 이끌고 가던 시장의 영광을, 많은 이들이 전기차에서도 구현되기를 기대했습니다. 하지만 전기차 시장은 예측하지 못한 또 다른 변수가 있었습니다. 바로 중국입니다. 상대적으로 후발주자이고 아직은 한국보단 많이 뒤처져 있다고 생각하는 사람들이 많지만, 현실의 중국은 분야를 막론하고 빠른 속도로 시장의 질서를 무너뜨리며 성장해 오는 막강한 경쟁자입니다.

중국은 결제 관련 시장에서도 신용카드 대신 전 국민

이 QR코드 같은 기술을 활용해 모바일 시대로 옮겨 간 지 오래입니다. 전기차 시장에서도 유사한 전환이 일어나고 있습니다. 자동차 시장의 글로벌 생산기지이자 소비시장에 지나지 않았던 중국은 정부의 정책에 따라 전기차로의 전환을 서둘러 왔습니다. 중국은 기존의 내연기관 자동차 산업에 있어서는 기존 독일, 일본, 미국, 한국 등의 자동차 기술 선진 기업들과의 경쟁에서 이길 수 없음을 깨닫고 바로 전기차로 전환하는 대전략을 수립한 후 이를 집중적으로 지원해 왔습니다.

결과적으로 중국은 전기차는 물론 이차전지 산업과 유관 산업 전반에 있어서 막강한 경쟁력을 갖추었습니다. 그리고 전기차 전환 시대에 테슬라의 강력한 대항마로 떠오르고 있습니다. 저는 업무 특성상 미국과 중국 기업들과의 교류가 많은 편입니다. 그래서 중국이 무서울 정도의 빠른 속도로 전기차 시장에서 두각을 나타내는 모습을 지켜볼 수 있었습니다. 그런데 어떻게 된 일인지 우리나라의 주류 언론이나 정서는 중국을 비하하고 무시하는 데서 자존감을 찾고 있는 모습을 자주 만납니다. 정말 우려되는 일이 아닐 수 없습니다. 마치 우리가 아직도 도장을 쓰고 있는 일본을 비웃는 것처럼 중국은 전 세계 전기차 시장을 선도하고 있습니다. 하지만 이런 말을 하면 제가 중국 회사로부터 돈을 받았다고 말하는 사람까지 있을 정도입니다. 정말로 안타까운 일이 아닐 수 없습니다.

사람을 잇는 연결력

저는 학창 시절부터 광고와 PR, PPL 같은 마케팅 홍보 관련 사업에 관심이 많았습니다. 대학 시절, 방송을 포함해 동아리 활동을 열심히 했던 것도 대학에서 배운 이론을 확인하고 활용하기 위함이었습니다. 그때만 해도 이미 광고의 시대가 저물고 홍보의 시대가 온다는 얘기들이 많았습니다. 게다가 저는 새로운 사람을 만나고 그들의 이야기 듣는 걸 무척이나 좋아했습니다. 초등학생 때도 어른들이 무언가 이야기하고 있으면 옆에 앉아서 놀면서도 한쪽으로는 어른들 말씀하시는 걸 흥미롭게 귀담아듣곤 했던 기억이 납니다. 그러다 제가 들었던 내용을 기억했다가 언젠가 이야기하게 되면 어른들은 눈이 휘둥그레지며 놀라곤 했었습니다.

사람과 사람을 잇는 즐거움

대학 시절에는 예능 PD를 꿈꾸기도 했고, 학교에서는 마당발이자 나름 인맥왕으로 통하기도 했습니다. 누군가 만나고 싶거나 궁금한 사람이 있으면 현민이 형, 현민 오빠에게 물어보라는 얘기가 있을 정도였습니다. 저는 그런 이야기가 싫지 않았습니다. 아마도 사람과 사람을 연결해 주는 일에 작은 희열 같은 걸 느꼈던 것 같습니다. 물론 회사에 입사하고 나선 이것이 장점이 아니라 단점이 되기도 했습니다. 학생 때는 이런 오지랖이 칭찬받는 일일지 몰라도 직장에선 자칫하면 자기 일에 집중하지 못하고 한눈파는 것으로 오해를 살 수도 있었기 때문입니다.

하지만 어느 정도 연차가 올라가고 사업을 시작하게 되면서는 제 사업의 영역에서 각각의 주체를 연결해 주면서 훌륭한 인적자원을 갖춘 사람으로 인정받는 즐거움을 누리고 있기도 합니다. 서로의 필요가 일치할 기회와 만남의 장을 이어주고 성공적인 시너지를 만들어 내주었던 경험과 보람은 현재 제가 하는 사업에서도 매우 중요한 역할이자 동기가 됩니다. 단순히 부품이나 제품을 중개하고 판매하는 것을 넘어, 소비자들과 좋은 관계를 만들어가는 것으로 고스란히 연결되었을 때 만들어지는 경험과 공감대는 사업 성공에 큰 힘이 되어주었습니다.

이런 이유 때문일까요? 저는 사람과 사람을 연결하는 것을 넘어 이제는 우리 사회의 구성원들과 전기차 시대를 연결하는 일에 진심을 다하고 있습니다. 물론 이는 단순히 전기차가 좋다는 것만 외치는 것에 국한된 것이 아닙니다. 우리의 삶에 전기차가 어떤 변화와 효용성을 줄 수 있는지에 대한 구체적이고 상상 가능한 이미지를 선해줄 수 있어야 합니다. 예를 들어 보통의 가장들에겐 캠핑을 가서 텐트를 치고 불을 피우고 고기를 굽는 일이 피곤한 일일 수 있습니다. 그러나 전기차는 이런 수 불편이나 수고스러움 없이 전기를 이용해 풍성한 음식을 준비할 수 있습니다. V2L 기능이 있는 전기차는 콘센트를 연결하는 것만으로도 다양한 취사 및 가전제품들을 사용할 수 있습니다. 저는 전기를 마음껏 쓸 수 있는 자동차의 등장으로 인해 아웃도어 캠핑의 패러다임을 바꿀 수 있음을 매일 확인하고 있습니다. 그리고 이 경험을 시장에 더 많이 나누고 싶은 마음으로 이 사업을 하고 있습니다.

우리의 고객들은 이미 전기차를 좋아하고 적극적으로 사용하는 사람들에 국한되지 않습니다. 전기차에 관심을 가지고는 있지만 경험이 부족하거나, 아직 전기차의 가치와 활용 가능성에 대해 제대로 접근하지 못하는 사람들도 여기에 포함됩니다. 그렇게 좀 더 행복한 전기차 생활의 시대로 고객들을 연결해 주고 이어주는 것, 그것이 저와 우리 회사가 찾은 소명입니다.

저는 소비자들이 전기차를 이용하는 데 불편함이 없게끔 돕는, 아주 중요한 역할을 하고 있음을 구성원들에게 강조하곤 합니다. 전기차 충전 부품을 시장에 공급하던 B2B 사업자에서 B2C 사업으로 영역을 확장한 초기에는 회사로 오는 대부분의 전화를 제가 직접 받곤 했습니다. 그때는 CS 전담팀을 꾸릴 정도로 회사의 규모가 크지도 않았고, 그나마 가장 적극적으로 고객 응대가 가능한 사람이 저였기 때문이기도 했으니까요.

우리는 왜 이 일을 하는가

지금이야 CS 관련 업무를 실무자들이 저보다 더 전문적으로 잘 해내고 있지만, 사업 초기엔 사무실로 걸려 오는 고객 문의와 컴플레인들을 직접 소화해 냈습니다. 물론 이런 일들이 한편으론 번거롭게 느껴질 때도 있었습니다만, 생생한 고객의 소리를 직접 들을 수 있는 너무도 좋은 기회였고, 또 우리 제품이나 서비스를 더 고도화시키는 데 많은 아이디어와 인사이트를 얻을 수 있는 소중한 기회였습니다. 이런 경험 덕분에 현재까지도 신속한 대응이 필요한 CS 관련 업무를 제외하고는 온라인 사이트의 고객 리뷰에 대한 모니터링과 답글을 다는 것은 여전히 저의 몫으로 남겨두고 있습니다.

저는 고객님들이 남겨주신 내용을 하나하나 살펴보며 우리 제품을 제공하는 과정에 불편함은 없는지, 개선 사항은 무엇일지를 매일 고민합니다. 또한 고객들이 남긴 리뷰에 답하는 과정에서 1:1로 고객과 연결이 되는 경험을 하곤 합니다. 이런 과정이 우리 회사를 한층 더 성장하게 할 수 있다는 믿음이 있기 때문입니다. 이러한 노력은 누적 고객 리뷰 1만 개를 돌파하며 전기차 휴대용 충전기 온라인 판매 시장에서 부동의 1위 자리를 차지할 수 있도록 해주었습니다. 이는 저희 제품이 업계에 확실하게 자리매김할 수 있는 강한 원동력 중 하나라고 생각합니다. 물론 매일 리뷰에 답글을 쓰는 창작의 고통(?)을 감내해야 하지만, 그럼에도 불구하고 공통적으로 고객분들께 자주 남기는 멘트가 있습니다. "고객님의 보다 행복한 EV 생활을 응원합니다. 행복하세요~"라는 인사입니다. 이는 단순한 멘트를 넘어서 저희 제품을 이용해 주시는 고객에게 전하는 응원이자, 제가 왜 이 일을 하는지 스스로에게 되묻는 다짐과도 같은 말입니다.

일단 제 사업을 시작하게 되니 사람과 사람을 연결해 주는 이런 능력이 일종의 역량이 될 수 있다는 걸 알게 되었습니다. 전기차가 주목받는 아이템이 되면서 홍보일을 하는 후배들로부터 하나둘 연락이 오기 시작했습니다. 예를 들어 모 대기업에서 근무하던 후배가 전기차 관련 업무를 맡게 됐다는 식이었습니다. 원래 그 일을 하지 않았던 사람들과도 전기차로 인해 연결이 되는 일도 있었습니다. 앞서 얘기했던 저의 '연결력'이 회사의 성장에 적지 않은 도움이 되었다고 생각하는 것은 바로 이 때문입니다.

우리는 결국 연결됨을 통해 더 강해진다.

2023년쯤의 일입니다. 그때부터 전기차에 관한 부정적인 뉴스들이 하나둘 등장하기 시작했습니다. 그리고 2, 3년 전만 하더라도 전기차가 미래라고 장밋빛 미래를 예견하던 사람들이 하나같이 등을 돌리며 안 좋은 이야기들을 쏟아내기 시작했습니다. 그 결과 우리나라 전기차 시장만 역성장하는 일도 일어났습니다. 그렇다면 왜 유독 우리나라만 이런 변화가 있었던 것일까요. 무엇보다 급발진이나 화재 같은 부정적 이슈를 언론에서 경쟁적으로 다뤘기 때문입니다. 자연스럽게 사람들은 전기차의 안정성에 대해서 의심을 가지기 시작했습니다.

게다가 전기차 관련 인프라가 충분하지 않은 이유로 충전할 때 갈등이 생기는 경우도 많았습니다. 우리 회사가 '차지(charge) 할 때만 차지하기'라는 캠페인을 시작한 이유도 이 때문입니다. '전진사(전기차에 진심인 사람들)'라는, 전기차에 진심인 사람들을 모아 그들의 목소리를 좀 더 활성화하기 위한 행사도 시작했습니다. 전기차 산업을 활성화하는데 오랜 기간 기여한 분들이나 전기차 관련 유익한 콘텐츠를 지속적으로 만들어 주시던 유튜버나 기자분들을 응원하기 위해서였습니다. 전기차에 관련된 오피니언 리더들과 함께 커뮤니티를 만들어 전기차에 관한 인식 전환을 도모하려는 목적도 있었습니다.

그러자 주위에선 '돈도 안 되는 일에 왜 그리 많은 정성과 노력을 쏟느냐'고 걱정하시는 분들이 많았습니다.

물론 그렇게 관심 가져주시고 걱정해 주시는 분들이 얼마나 감사하고 고마운지 모릅니다. 하지만 당장은 무모해 보이고 큰 효과가 없을지 모르겠지만, 저는 여전히 '연결'의 힘을 믿고 있습니다. 당장은 미력해 보일지 모르나 이 과정을 통해 전기차의 또 다른 가능성을 열어갈 기회가 나타날 것이라 믿기 때문입니다. 저는 앞으로도 전기차로 인해 달라질 우리의 라이프 스타일을 이야기하고자 합니다. 또한 실제로 이를 실현함으로써 우리가 지향하는 'Happier EV Life'의 시대를 맞이할 수 있다는 믿음을 구체화해 나갈 생각입니다. 우리는 그렇게 연결됨을 통해 더 강해지고 또 성장할 것이라고 믿기 때문입니다.

어니스트티가 차(Tea)를 파는 법

우리 회사는 몇 년 전부터 전문 조사 기관을 통해 소비자 인식에 대한 다양한 설문조사도 진행하고 있습니다. 사실 누가 보면 회사 규모에 비해 쓸데없는 일을 하고 있다는 핀잔을 들을 수도 있는 일들입니다. 하지만 제 생각은 다릅니다. 우리 회사가 추구하는 가치를 시장에 전달하는 일도 매출을 늘리는 것만큼 중요하다고 생각하기 때문입니다. 우리처럼 작은 회사들은 B2B 사업을 확장하거나, 빨리 수익화하거나, 대표의 재산을 늘리는데 더 많은 투자를 하는 게 맞을지도 모릅니다. 하지만 저는 언젠가 소비자들이 이 노력을 알아줄 거라고 생각합니다. 굳이 광고 같은 더 쉬운 방법을 택하지 않는 이유도 바로 그 때문입니다.

예를 들어 미국의 '어니스트 티(Honest Tea)'라는 차 브랜드는 자신들의 핵심 가치인 '정직'을 어필하기 위해 미국의 모든 주에 무인 판매대를 설치했습니다. 얼마나 정직하게 결제하는지를 지켜보는 캠페인을 하기 위해서였습니다. 이 행사는 미국의 모든 주를 정직으로 경쟁하게 하는 효과로 언론의 큰 관심을 받았습니다. 물론 이런 성공스토리 외에도 실패한 캠페인, 실패한 도전이 더 많이 깔려 있을 거라 생각합니다. 그러나 저희가 전기차 산업과 관련된 제품을 판매하는 사업도 결국은 사람들에게 새로운 라이프 스타일을 제안한다는 것과 비슷하다는 생각을 하게 되었습니다. 내연기관 중심의 산업과 사고가 지배적인 현실에서 전기차 시대로의 전환은 무엇보다도 이를 이용할 사람들 전반에 걸친 인식의 전환을 필요로 하는 일이라는 판단이 섰기 때문입니다.

어차피 전기차 관련 기술은 앞으로도 지속적으로 발전할 것입니다. 하지만 사람들의 인식은 그 받아들이는 속도가 각기 다를 수밖에 없습니다. 따라서 전기차로 인해 우리의 삶이 어떻게 바뀌고 더 행복해질 수 있는지에 대해 좀 더 일상적이고 친숙하고 쉽게 이해할 수 있는 단어로 커뮤니케이션해야 한다고 생각하게 되었습니다.

성장 가능한 지속성

　회사명 역시 이런 고민에서 나왔습니다. 흔히 전기차를 EV라고 부릅니다. 여기에 솔루션이란 말을 붙여보니 이볼루션이라는 회사명이 나오더군요. 전기차에 관련된 부품을 구하지 못해 애를 먹는 구매팀이나 연구원들의 문제를 찾아주고, 또 해외에서 믿을 수 있는 소싱처를 확보해서 연결해 주는 일을 제가 하고 있었기 때문입니다. 여기에 B2C까지 결합을 하다보니 지금의 'Happier EV Life'라는 슬로건까지 만들게 되었습니다. 단순히 부품을 공급하는 역할을 넘어 새로운 제품을 기획하고 공급함으로써 고객들의 전기차 생활에 도움이 되는 뭔가를 전달하겠다는 의미를 담고 싶었기 때문입니다.

새로운 상황에 적응하기 위해 도전하다

2020년, 갑자기 코로나가 유행하면서 B2B 판매가 주춤하기 시작했습니다. 전국의 관련 시장이 얼어붙어 버렸습니다. 사람들의 이동이 금지된 상황에서 영업을 할 수도 없었습니다. 그저 사무실에서 마냥 시간만 보내기엔 올해 사업의 성장이 너무나 불확실해 보이던 시기였습니다. 저는 이대로 손가락 빨고만 있을 순 없다는 생각에, 결국 기존에는 운영하지 않았던 B2C 사업 영역에 도전해 보기로 마음을 먹었습니다. 그렇게 여러 온라인 사이트를 연구 비교해 보고, 네이버 스마트스토어를 개설하면서 판매를 시작했습니다. 그리고 모두가 어렵다던 시기에 오히려 저희는 사업을 조금 더 확장하는 계기를 만들게 되었습니다.

2020년, 하루에 한두 대씩 판매되던 휴대용 충전기는 1년이 지나자 하루에 10대 이상씩 판매되기 시작했습니다. 긍정적인 리뷰가 쌓이면서 자연스레 효자상품이 되어 갔습니다. 결국 온라인에서만 10억 이상의 매출을 올리면서 휴대용 전기차 충전기 판매 시장에서 부동의 1위를 달성하는 주력 아이템이 되었습니다. 이러한 시기에 국제 전기자동차 엑스포와의 지속적인 교류와 협력도 시작되었습니다. 당시 코로나로 인해 모든 집합 행사가 중단되던 와중에도 저는 포기하지 않았습니다. 오히려 온오프라인을 동시에 추진하는 시행 전략에 동참해서 버추얼 전시회에 관한 기획과 운영을 우리 회사가 도맡아 하기도 했습니다.

　2022년도에는 기업 부설 연구소를 만들었습니다. 그리고 같은 해에 처음으로 매출 100억을 돌파하기도 했습니다. 2023년에는 인터배터리와 EV 트렌드라고 하는 전시회에 동시 참가하는 유일한 업체로 나가 성과를 내기도 했습니다. 우리 회사는 충전기에 들어가는 핵심 부품을 B2B 형태로 판매하는 일을 합니다. B2C로는 휴대용 충전기나 완속 충전기들을 온라인으로 판매하고 있습니다. 스마트 스토어, 쿠팡, 11번가, 지마켓이 주요 판매 채널입니다. 하다 하다 이제는 '오늘의집'으로부터 판매 제안을 받아서 새롭게 입점하기도 했습니다. 이제는 동사무소, 우체국, 교도소 같은 생각지도 못한 곳에서도 주문이 들어옵니다. 관공서 쪽에 전기차가 많이 보급되어 있기 때문입니다. 자동차 딜러들도 많이 구매합니다. 렌터카, 중고차 회사 같은 B2B 고객들도 적지 않습니다.

스몰 자이언츠, 그리고 우리의 브랜드를 갖는다는 것

B2C 쪽 사업을 하다 보면 다양한 재미난 일들을 많이 겪게 됩니다. 예를 들어 수입 자동차의 대명사로 유명한 모회사의 경우 휴대용 충전기를 차량 판매에 곁들이는 액세서리처럼 생각하고 있었습니다. 그런데 이 액세서리가 몇 번 쓰지도 않았는데 자꾸 고장이 난 모양입니다. 고장이 나서 센터를 방문하니, "고객님! 이건 비상용으로 쓰시라고 넣어 드린 겁니다. 원래 급할 때만 한두

번 쓰시고 이렇게 자주 사용하시면 안 되는 거예요."라고 했다더군요. 그럼 새 제품을 사겠다고 하니 재고도 없다고 해서 자연스럽게 이런 고객들은 우리 회사 제품을 찾게 되었습니다.

지금까지 수입차 회사들은 제공하던 이런 카테고리의 충전기를 '비상용 충전기'라고 안내하고 있었습니다. 하지만 우리 회사 제품은 반복적으로 사용해도 고장 나지 않은 품질을 가지고 있었습니다. 아울러 가격 경쟁력 또한 상당히 좋았기 때문에 OEM 사에서 제공하는 부속품처럼 '비상용'이 아니라 구비해 놓고 언제나 항상 사용할 수 있다는 뜻으로, 이른바 '상비용 충전기'라는 단어를 사용하기 시작했습니다. '비상용 충전기'라는 부정적 어감의 용어를 지우기 위해서였습니다. 이제는 업계 후발 업체들도 저희가 만든 용어를 사용하기 시작하면서 시장에서의 제품 이미지를 바꿔 나가는데 함께 하고 있습니다. 우리는 현재 이 분야에서 1위 회사입니다.

흔히들 작지만 강한 회사들을 강소 기업, 혹은 스몰 자이언츠라고 부릅니다. 2022년 우리 회사는 창립 4년 만에 처음으로 매출 100억을 넘어섰습니다. 그냥 작다고만 할 수 없는 회사가 된 셈입니다. 그런데 이때부터 저의 고민이 시작되었습니다. 그냥 작고 탄탄한 회사로 남을 셈인가, 아니면 확장을 시도할 것인가를 놓고 많은 고민을 했습니다. 일단 우리가 검토해야 할 일은 현재 사업을 좀 더 고도화시키는 것과 더불어 우리의 영역을 확장해 나가는 것입니다. 운 좋게도 사업이 계속 성장하고 있는 것은 매우 바람직한 상황이긴 하지만, 사업이란 언제 어떻게 될지 모르는 일이기 때문입니다. (실제로 이 책을 준비하던 2024년 하반기에 전기차 충전 업계는 인천 청라 아파트 지하주차장 화재 사건이 발생하며, 시장 자체가 강하게 얼어붙어 버렸고, 많은 업체가 어려움을 겪게 되었습니다)

스몰 자이언츠, 그리고 우리의 브랜드를 갖는다는 것

시장에서 필요로 하는 부품이나 제품을 적재적소에 공급하는 것은 수익을 창출해 내는 바람직한 전략입니다. 하지만 시장이 성장하는 것만큼 경쟁도 심화되어질 것이 예상되는 상황에서 자체 브랜드를 가지지 않는다면 향후 경쟁력을 유지하기 힘들 거라는 생각이 들었습니다. 그래서 '이볼랙션(Evolution For Satisfaction)'이라는 자체 브랜드를 만들고 런칭을 준비하고 있습니다. 또한 전기차용 아웃도어 제품과 같이 특화된 라이프 스타일을 초기 시장에 발 빠르게 선보이는 것도 필요하다는 생각이 들었습니다. 그래서 집에서는 물론 전기차에서도 겸용으로 사용할 수 있는 In & Out Door EV Life라는 컨셉을 지향하는 '이볼브팟(EVOLVE POT)'이라는 신규 브랜드도 런칭을 하게 되었습니다.

물론 B2B에 올인하여 하던 걸 더 잘할 수도 있습니다. 지금까지 우리 회사는 해외에 있는 좋은 제품들을 찾아서 총판 계약을 맺고 소싱을 해오던 형태로 성장해 왔기 때문입니다. 그러나 작년부터 관련 제품의 기획과 생산에도 지속적으로 노력을 기울이고 있습니다. B2C 쪽으로는 기존의 제품 외에도 전기차 사용자들이 좀 더 편리하게 사용할 수 있는 여러 가지 형태의 제품들을 판매하려고 합니다. 나아가 전용 온라인 쇼핑몰도 만들고 있습니다. 그런데 이 모든 활동은 'Happier EV Life'라는 저희 슬로건과 연결되어 있습니다. 이런 브랜드 확장의 기저에는 단순한 매출 확대가 아닌 전기차에 대한 인식의 변화와 라이프스타일을 고객들께 선보이려는 우리만의 비전과 선한 의도가 숨어 있기 때문입니다.

제품보다 먼저 바뀌어야 할 것, 사람들의 마음

사람들은 변화를 좋아하기도 하지만 또한 싫어하기도 합니다. 지금은 온 국민의 브랜드가 된 햇반도 초기에는 심각한 어려움을 겪어야 했습니다. 다른 음식도 아닌 밥을 즉석에서 조리한다는 사실을 사람들은 잘 받아들이려 하지 않았기 때문입니다. 따뜻한 밥을 지어 올리는 것이 좋은 아내이자 엄마의 덕목이라 여겨지던 시대에는 이런 제품은 어쩌면 죄책감을 줄 수도 있는 제품이었기 때문입니다. 그래서 CJ는 엄마들이 갓 지은 집밥이라는 컨셉의 광고를 통해 어렵사리 사람들의 생각과 인식을 바꿀 수 있었습니다. 네슬레가 처음으로 개발한 인스턴트 커피도 마찬가지였습니다. 모두가 커피를 직접 내려 마시는 시대에 혹이라도 자신이 게으른 여성처럼 비칠까 우려한 고객들은 매장에서 인스턴트 커피를 구매하는 일을 매우 꺼렸습니다. 그래서 네슬레는 대대적인 광고 캠페인을 통해 능력은 있지만 바쁜 커리어 우먼을 광고에 등장시켜 사람들의 생각을 바꿀 수 있었습니다. 이렇듯 과거의 우수한 사례들을 돌이켜 보며, 더 행복한 전기차 생활의 시대를 준비하는 기업으로서 이볼루션은 어떤 역할을 할 것이며, 또 무엇을 준비해야 할지 오늘도 전 행복한 고뇌와 고민을 거듭하고 있습니다.

변화는 언제나 예고 없이 찾아오고, 대중은 처음에는 그 변화를 받아들이지 않습니다. 2009년, 아이폰이 처음 등장했을 때도 마찬가지였습니다. 당시에는 단순히 얼리어답터들이나 관심을 가질 만한 기기라고 치부되었지만, 이후 스마트폰은 우리의 생활을 완전히 바꿔놓았습니다. 저는 그 변화를 직접 경험하며, 기술이 단순한 발전이 아니라 삶의 방식 자체를 변화시키는 힘을 가지고 있다는 것을 깨달았습니다.

변화의 파도 위에 설 것인가, 휩쓸릴 것인가

지금 우리가 마주하고 있는 변화도 다르지 않습니다. 많은 사람들이 전기차, 자율주행, AI 등의 기술을 여전히 먼 미래의 이야기로 생각하지만, 변화는 우리가 예상하는 것보다 빠르게 다가오고 있습니다. 그리고 그 변화의 흐름을 미리 감지하고 준비한 사람들과 기업들은 새로운 시대의 중심이 될 것입니다. 제가 아이폰을 들고 다니며 그 가능성을 이야기했을 때, 대부분의 사람은 '지금 핸드폰으로도 충분하다'며 고개를 가로젓곤 했습니다. 그러나 변화는 결국 현실이 되었고, 이제 스마트폰 없는 삶을 상상하기 어려워졌습니다. 같은 맥락에서, 지금 우리는 또 다른 혁신적인 전환점을 맞이하고 있습니다. 기술이 단순한 도구를 넘어 새로운 삶의 방식을 제시하는 시대, 우리는 그 흐름 속에서 어떤 선택을 할 것인지 고민해야 합니다.

4부. 이동옥의 온도

20년 넘게 치과의사로 일해온 저자는 치료의 순간을 '신뢰와 진심이 오가는 연결의 시간'이라 믿는다. 아픈 기억으로만 남았던 치과를 따뜻한 공간으로 바꾸기 위해, 오늘도 환자 한 사람 한 사람의 마음에 귀 기울이며 진료를 이어간다. 의료를 넘어, 관계를 고민하는 치과의사로서의 여정을 이 글에 담아냈다.

저는 변화를 예측하고, 그 안에서 기회를 찾는 것이 중요하다고 믿습니다. 단순히 새로운 기술을 받아들이는 것이 아니라, 그것이 어떻게 우리의 삶을 더 편리하고 의미 있게 만들 수 있을지를 고민하는 것이야말로 진정한 혁신이라고 생각합니다. 그리고 그 과정에서 저는 기술과 사람을 연결하는 커넥터 역할을 하고 싶습니다. 변화는 피할 수 있는 것이 아닙니다. 그저 우리는 그 변화를 어떻게 받아들이고 활용할 것인지에 대한 선택권만 가질 수 있습니다. 저는 앞으로도 이러한 변화의 흐름 속에서 새로운 가능성을 탐색하고, 더 많은 사람들과 함께 그 가치를 나누는 일을 계속해 나갈 것입니다. 우리의 삶을 변화시킬 다음 혁신은 무엇일까요? 그리고 우리는 그 변화 속에서 어떤 역할을 할 수 있을까요? 변화의 중심에서, 저는 계속해서 답을 찾아가고자 합니다.

이동옥의 프롤로그

　어린 시절 다니던 치과의 의사 선생님은 무뚝뚝하고 저에게 한마디 말씀도 없으셨던 분입니다. 치과라는 곳은 아프고 불편한 것이 너무나 당연하다고 받아들였던 저는 치과를 나올 때쯤이면, 꽉 모아 잡아 새빨개졌던 두 손이 다시 하얗게 돌아오는 것을 보며 치과 치료가 끝났다는 안도감을 느끼곤 했습니다.
　고등학생이던 어느 날 치아가 너무 아파 혼자 치과를 가야 했습니다. 원래 다니던 치과까지 갈 여유가 없어 지나다니던 곳에 있던 어느 치과를 가게 되었습니다. 치과 냄새와 치과 소리는 여느 치과와 다를 바 없었습니다. 그러나 그날 저를 치료했던 여자 선생님은 제가 두 손을 꽉 잡을 이유도 없게, 아프지 않고 편안한 진료를 해주셨습니다. 그제야 치과 냄새도 치과 소리도 여느 때와 다르게 느껴졌습니다. 한 사람으로 인해 그 주변의 공기와 느낌이 달라졌고, 지금까지 내가 가졌던 치과에 대한 기억과 아픔이 많이 수그러졌습니다. 그때는 치과의사가 되려는 마음도 없었고, 될 수 있는 성적도 아니었습니다. 그러나 시간이 흘러 치과의사가 되고 난 후에야 그 기억이 참으로 저에게 깊게 남아있었다는 것을 알게 되었습니다.

이제 저는 20년이 넘는 경력의 치과의사가 되었습니다. 20년 동안 학문적인 과목으로만 치과를 바라봤던 시절도 있었고, 생계를 위해 아무 생각 없이 열심히 일했던 순간도 있었습니다. 그 시간을 보내고 나서야, 가슴으로 긴 심호흡을 하고 난 후에야, 비로소 저와 함께했던 사람들은 물론 치료의 순간을 공유했던 환자분들이 저의 인생에 소중한 인연임을 깨닫게 되었습니다. 치과라는 의료의 영역으로 만나지만, 가장 예민하고 두려워하는 치료의 그 순간에 가장 깊은 신뢰와 따뜻함, 그리고 진심이 필요하다는 것을 그제야 알게 되었습니다. 치과의사로의 여성의 끝이 언제가 될지 알지 못하지만, 저는 이 책이 그 여정의 흔들리지 않는 기준점이 되어주기를 바라는 마음으로 이 글을 쓰고 있습니다.

    오늘도 제 일의 가치를 다시금 새기면서, 환자분들과 그리고 나의 소중한 직원들과 진료를 시작합니다.

치과 의사도 치과 치료가 무섭습니다

　우리 병원의 환자인 미정 씨(가명)에겐 남모를 치과 공포증이 있었습니다. 심할 때는 정신과 치료를 받아야 할 정도로 심각한 수준이었죠. 미정 씨가 초등학교를 다닐 무렵의 일이었습니다. 처음으로 치과를 간 그녀는 주사가 너무 무서웠다고 합니다. 그래서 안 맞겠다고 버텼던 모양이에요. 그랬더니 의사가 강제로 손등에 주사를 놓았다고 합니다. 어린 마음에 울면서 살려달라고 소리치는 미정 씨를 끝내 외면하면서 말이죠. 그 일이 있은 후 그녀는 어떤 치과도 찾지 않게 되었습니다.

다래끼 때문에 전신마취를 하는 사람

하지만 시간이 흘러 미정 씨의 치아는 심각한 상황이 되고 말았습니다. 어떤 병원이든 가지 않을 수 없는 상황이 오고야 말았죠. 이런 사연을 가진 미정 씨가 우리 병원을 찾아왔습니다. 우리는 미정 씨가 최대한 공포심을 느끼지 않도록 앞으로 진행될 치료 계획을 상세히 설명했습니다. 그런 상담의 과정에서 우리에 대한 신뢰가 생긴 모양이었습니다. 무엇보다 자신의 치아를 정말 잘 이해하고 있다는 확신이 생겼다고 해요. 그렇게 어렵사리 임플란트 시술을 시작했습니다. 그런데 놀라운 일이 일어났습니다. 미정 씨가 시술 중에 거의 통증을 느끼지 않았다고 스스로 고백한 겁니다.

여러분은 치과를 생각할 때 무엇을 가장 먼저 떠올리시나요. 모르긴 해도 통증과 두려움, 나아가 공포 같은 단어들을 떠올릴 가능성이 높을 겁니다. 어느 치료보다 그 과정이 직접적이고 즉각적이기 때문이라고 생각합니다. 치료대 위에 올라 만나는 반짝이는 차가운 기구들의 모든 촉감은 우리 몸을 얼어붙게 만듭니다. 하지만 아직까지 이를 대체할 새로운 시술법은 나오지 않았습니다. 그래서 중요한 것은 환자를 대하는 의사와 간호사들의 태도라고 생각합니다. 하지만 어린 시절의 미정 씨는 안타깝게도 정반대의 경험을 했던 셈입니다. 이런 이야기를 전해 들을 때마다 우리는 안타까운 마음을 숨길 길이 없습니다. 그리고 자문합니다. 어떻게 하면 우리들의 마음가짐과 태도만을 통해 환자들의 두려운 경험을 최소화할 수 있을까, 하고요.

병원 치료가 시작되는 순간

미정 씨(가명)는 분명 통증에 대해 지나칠 정도로 예민한 사람이었습니다. 심지어 다른 병원에서는 눈에 생긴 다래끼 수술을 하기 위해 전신마취를 한 적도 있다고 했을 정도니까요. 하지만 대부분의 병원은 그런 미정 씨의 개인적인 사정에 무심한 듯했습니다. 하지만 우리 치과는 조금 다르다고 했습니다. 우리는 조금 지나치다 싶을 만큼 세세하게 치료의 과정을 설명했기 때문입니다. 미정 씨의 사소한 문의에도 길고 긴 답 문자를 보내기도 했습니다. 그런 작은 배려가 쌓이고 쌓여 미정 씨의 마음을 움직였고, 그녀는 그렇게 어려운 발걸음을 우리 병원으로 옮길 수 있었습니다.

우리는 치료가 병원을 검색하는 바로 그 순간부터 시작된다고 생각합니다. 환자는 두렵고 떨리는 마음으로 인터넷을 검색해서 내인생치과를 찾았을 것입니다. 그리고 어떤 이유로든 우리 병원을 선택하고, 심호흡을 하며 전화를 걸었을지도 모릅니다. 그런 마음이라면 전화기 저 멀리서 들려오는 목소리에도 좀 더 민감하게 반응하지 않았을까요. 마치 주사를 맞기 전의 긴장한 사람들처럼 목소리의 톤앤매너와 높낮이를 신경 썼을지도 모르겠네요. 하지만 우리 직원들의 응대는 미정 씨에게 고스란히 전해졌습니다. 이뿐 아닙니다. 전화를 끊고 도착한 안내 메시지의 어투에서도 미정 씨는 또 한 번 안심했을 거라 생각합니다. 우리 병원 직원들이 어떻게 환자들을 응대했을지 잘 알고 있기 때문입니다.

치과 의사도 치과 치료가 무섭습니다

그렇다면 미정 씨는 어떤 이유로 우리 병원에서 그런 치료의 공포를 이겨낼 수 있었을까요? 딱히 특별한 비법 같은 건 없습니다. 하지만 한 가지 꼭 말씀드리고 싶은 게 있습니다. 치과의사들 역시, 정도의 차이는 있을지언정 모두 치과 공포증을 가지고 있다는 점입니다. 의사도 사람입니다. 통증을 느끼지 않을 리 없지요. 우리 부부 원장 중 한 사람은 특별히 예민한 사람입니다. 그래서 환자의 마취와 통증 관리에 각별히 신경을 쓸 수밖에 없었다고 고백하고 싶습니다. 또 다른 원장은 어린 시절의 아픈 기억으로 인해 환자들의 두려움과 통증을 누구보다도 잘 알고 있습니다. 이런 이유 때문에 조금 더 섬세한 진료는 물론 치료에 대한 공포를 줄이기 위한 공감 어린 노력이 가능했을 거라 생각합니다.

치과 방문은 많은 사람들에게 두려움의 대상입니다. 내인생치과는 이러한 환자들의 불안을 이해하고, 환자와의 진심 어린 신뢰를 쌓아가는 것을 매우 중요하게 생각합니다. 어린 시절의 치과 공포증을 극복하지 못한 미경 씨 사례는 이를 잘 보여줍니다. 공포와 두려움 속에서도 우리 병원의 의료진은 그녀의 이야기를 경청하며, 세심한 계획과 따뜻한 태도로 치료를 진행하려고 했습니다. 이처럼 신뢰는 단순히 치료의 결과에서만 오는 것이 아닙니다. 환자와의 소통, 치료 과정에서의 투명성, 그리고 환자의 작은 요청까지도 배려하는 태도가 신뢰의 기반이 됩니다. 우리 병원은 이러한 철학을 바탕으로 치료를 시작하는 순간부터 환자가 안심할 수 있는 환경을 제공합니다.

사람들은 왜 치과에서 통증을 숨길까?

이심전심이란 말이 있습니다. 마음이 통하면 우리는 서로의 아픔과 고통, 공포와 불안을 나눠 가질 수 있습니다. 한밤중에 산길을 걸을 때 누군가의 손을 잡고 있다고 생각해 보세요. 혼자 갈 때와는 비교도 할 수 없을 정도의 마음의 평안을 느낄 수 있을 겁니다. 놀이기구를 탈 때도 그렇습니다. 혼자보다는 친구나 가족과 탈 때 훨씬 덜 무섭습니다. 우리는 의사이지만 똑같은 체온을 가진 같은 사람이기도 합니다. 그래서 환자들의 두려움을 충분히 이해하고 공감할 수 있습니다. 그러한 자세와 태도만으로도 치과를 향하는 환자들의 발걸음을 가볍게 할 수 있다는 사실을 우리는 미정 씨의 치료를 통해 깨달을 수 있었습니다.

환자들은 병원에 들어와 처음 만나는 데스크나 전화 응대 같은 모든 과정을 두려움 속에서 맞이할 수밖에 없습니다. 그래서 우리가 할 일은 그 과정을 조금이라도 더 편하게 해드리기 위해 최선을 다해 노력하는 것입니다. 아이들은 엄마에게 어디가 어떻게 아픈지를 있는 그대로 솔직하게 말할 수 있습니다. 엄마에 대한 무한한 믿음과 애정을 가지고 있기 때문이지요. 물론 병원이 그런 믿음을 얻기는 쉽지 않을 겁니다. 하지만 진료와 치료 과정에서 끊임없이 물어보고 확인하면서 그에 준하는 신뢰를 얻을 수 있어야 합니다. 환자들은 의외로 조금 불편한 게 있더라도 가능하면 참으려 하는 경향이 있기 때문입니다. 그나마 아프다고 표현을 해주시는 분들은 병원을 믿고 의지하는 적극적인 편에 속하죠. 그래서 자신의 통증을 자연스럽게 표현할 수 있는 병원 분위기를 만드는 게 정말 중요하다고 생각합니다.

깍두기를 씹는 기쁨을 아시나요?

주엽 씨(가명)는 어릴 때 화재로 큰 화상을 입었습니다. 사고의 결과는 끔찍했습니다. 한동안 입조차 제대로 벌릴 수 없을 정도의 큰 상처가 남았죠. 다행히 목숨은 건졌지만 이후 식사는 음료나 유동식 정도만 겨우 가능한 안타까운 상황이 되었습니다. 게다가 퇴원 후 사후 관리까지 소홀해지자 남은 치아들까지 하나둘씩 빠지기 시작했습니다. 결국 그에게는 단 하나의 치아도 남지 않게 되었죠. 그러던 어느 날이었습니다. 우연히 어느 방송사와 연결이 되어 주엽 씨가 우리 치과를 찾아왔습니다. 그리고 그는 몇 달에 걸쳐 우리와 치료의 긴 여정을 함께 했습니다.

주엽 씨가 사는 연천에서 이곳 교대역까지 오려면 대략 왕복 3시간 정도가 걸립니다. 그래도 치료가 있는 날이면 그는 만사를 제쳐두고 우리 치과로 왔습니다. 다행히 치료는 성공적으로 끝이 났어요. 치료 후 주변 사람들이 종종 이렇게 묻는다고 합니다. 시술 후 무엇이 가장 좋으냐고 말이죠. 그때마다 주엽 씨는 엉뚱하게도 깍두기를 먹을 수 있어서 가장 신난다고 대답합니다. 특유의 아삭한 식감과 경쾌한 소리까지, 치료 전에는 엄두도 못 냈던 깍두기를 지금은 마음껏 먹을 수 있게 되었으니까요. 그뿐 아닙니다. 이제 그도 다른 평범한 사람들처럼 가족들과 함께 고깃집을 찾을 수 있게 되었습니다. 그의 가족들 역시 더는 남편과 아빠에게 미안한 마음을 가지지 않고 마음 편히 고기를 먹을 수 있게 되었고요.

주엽 씨의 치료는 사실 굉장히 어려운 시술이라 이를 의뢰했던 방송국조차 반신반의했던 케이스였습니다. 일단 심한 화상으로 인해 일반적인 치과 기구가 들어가기 어려웠습니다. 무엇보다 치료 자체가 가능할지 의문스러웠죠. 이것이 그가 오랫동안 제대로 된 치료를 받을 수 없었던 가장 큰 이유였습니다.

새로운 일상을 선물하다

하지만 이것이 오히려 우리에게 동기부여가 되었습니다. 이분을 치료할 만한 충분한 이유가 되었을뿐더러 치료 후의 기쁨과 보람도 훨씬 더 크리라는 기대가 생겼기 때문입니다. 우리가 가장 중요하게 생각하는 사람에 대한 존중, 치료가 가져다줄 삶의 만족감, 의사로서의 가치 있는 일이라는 확신이 우리를 최선을 다한 시술로 이끌어주었습니다. 주엽 씨의 치료를 위해서는 거의 1년 가까운 시간이 필요했으며, 이 과정에서 별도의 특수 제작 치과용 기구가 필요하기도 했습니다.

우리가 주엽 씨의 치료를 기꺼이 맡게 된 건 한 사람의 불행을 온전히 책임지겠다는 대단한 각오 같은 게 아니었습니다. 어찌 되었든 우리와 연결된 사람이니 최선을 다하고 싶다는 마음, 그리고 누군가에게는 당연한 듯 보이는 스물여덟 개의 치아가 또 다른 누군가에게는 삶의 이유와 활력이 될 수 있다는 믿음이 있었기 때문입니다. 주엽 씨는 단순히 치아를 되찾은 게 아니었습니다. 일상의 편리함, 가족과 누리는 소박한 행복, 누군가의 눈치를 보지 않고 마음껏 웃을 수 있는 아주 작은 만족으로 연결되는 새로운 삶을 선물 받은 것이라고 생각합니다. 우리는 그 선물의 전달자로서의 작은 역할을 담당했을 뿐입니다.

화상으로 치아를 잃은 주엽 씨는 깍두기를 씹는 기쁨을 통해 새로운 삶의 활력을 되찾았습니다. 치과 치료는 단순히 치아를 복구하는 작업이 아닙니다. 그것은 환자에게 자신감을 되찾아주고, 가족과 함께하는 소소한 일상의 기쁨을 되찾아주는 소중한 과정입니다. 우리 병원은 원래의 치아를 보존하기 위해 가능한 모든 노력을 기울이며, 환자의 상황에 맞춘 치료를 제공합니다. 이는 치료의 목적이 단순히 의료 행위에 그치지 않고, 환자의 전반적인 삶을 개선하는 데 있기 때문입니다.

따뜻한 치과를 만드는 작은 실천들

 항상 할머니랑 같이 치과에 오던 한 남자아이가 있었습니다. 그런데 어느 날 그 아이가 혼자 치과에 왔습니다. 가만히 보니 혼자 와서 대기실에 있던 귤도 까먹고 만화책도 보면서 혼자 재밌게 놀고 있더군요. 저도, 직원들도 너무 잘 아는 아이라 굳이 왜 왔어, 라고 묻지 않았습니다. 그렇게 놀다가 가고, 또 잊을 만 하면 찾아오는 친구를 보면 그렇게 흐뭇할 수 없습니다. 치과라고 늘 치료만 받으러 오는 곳이 아니라, 때론 와서 이런저런 넋두

리도 하고, 그냥 궁금해서 안부도 물을 수 있는 곳이면 얼마나 좋을까요? 지나다가 목이 마르면 물 한 잔 마시러 들르는 그런 병원이었으면 좋겠다는 생각을 그 아이를 보면서 더 하게 되었습니다. 가끔 그 어린 친구가 생각이 날 때면 우리가 이 치과를 하는 이유를 한 번씩 다시 생각하게 됩니다.

병원이 아닌 아늑한 카페처럼

내인생치과에 들어오시면 어느 순간 다른 곳과 다른 향기를 맡으실 때가 있어요. 때로는 향긋한 꽃향기가 나기도 하고 때로는 상큼한 레몬 향이 나기도 합니다. 여러 향기로 만든 아로마 스프레이를 틈나는 대로 병원 전체에 뿌리며 다니는 접수대 선생님을 보실 수 있을 겁니다. 스프레이가 지나간 자리는 왠지 모를 산뜻함과 편안함이 머물고 있는 걸 느끼실 거에요. 치료를 받으러 온 환자분들이나 환자분들을 치료하는 의료진들의 긴장을 조금이나마 늦출 수 있는 작은 선물입니다.

치료를 무서워하시는 분들이 조금이라도 긴장을 푸실 수 있도록 치료 전 말랑한 공을 쥐여드리기도 합니다. 긴장감을 높이고 치아에 좋지 않은 커피는, 죄송하지만 병원에 비치하지 않습니다. 그 대신 다양한 차를 준비합니다. 계절에 따른 꽃을 병원 탁자에 올려놓기도 하고, 겨울에는 귤을 놓아 내 집 거실, 혹은 초대받은 집에서 쉬고 있는 듯한 기분을 느낄 수 있도록 돕습니다.

또한 환자들이 가장 두려워하는 통증을 최소화하기 위해 편안한 진료 경험을 제공하려고 노력합니다. 환자들이 긴장을 풀 수 있도록 대기실에 아늑한 인테리어, 차분한 음악, 음료 등을 비치해 두기도 했습니다. 치과를 병원이 아닌 카페처럼 느껴지도록 하기 위해서입니다.

진료는 정직하고 신뢰할 만한 치료를 받아야겠지만, 적어도 그 외의 치과에서 머무는 시간은 치과가 치과처럼 느껴지지 않게 하는 것이 저희의 작은 소망이자 바람입니다. 이렇게 소소하고 작은 것들은 진료 전후의 환자분들을 살피면서, 그분들이 무엇을 필요로 하는지에 대해 오래도록 고민한 끝에 나온 실천들입니다. 왜냐하면 우리들 역시 치과 공포증에 예민한 평범한 '사람'이기 때문입니다. 우리가 가장 원하는 것은 이 모든 것들이 치과의 문턱을 낮추고 좋은 경험을 할 수 있는 치과를 만드는 것, 그로 인해 환자들이 편안한 치료를 받는 것입니다.

오랜 고민에 흡족한 답을 찾다

그러면서 우리 자신에게 질문을 끊임없이 던지고 있습니다. 어떻게 하면 무섭고 두려운 치과에서 만족러운 경험을 환자들이 할 수 있을까? 아직까지도 계속되고 있는 고민이고 앞으로도 계속될 고민이지만, 우리는 어렴풋한 답을 찾을 수 있었습니다. 바로 '만족'이라는 단어입니다. 만족이란 '마음이 흡족하거나 모자람이 없이 충분하고 넉넉한 것'을 뜻합니다. 그것은 환자는 물론 의사, 직원들이 모두 함께 흡족할 때 도달할 수 있는 목표이기도 하죠. 그렇다면 의사도, 직원도 만족하는 병원이란 또 어떤 병원일까요?

우리 병원은 정직하고 투명한 진료를 통해 환자들의

신뢰를 쌓아왔습니다. 치료 계획과 비용, 그리고 결과에 대해 환자들에게 충분히 설명하며, 불필요한 과잉 진료를 지양합니다. 이 과정에서 가장 중요한 것은 '진정성'입니다. 진정성 있는 태도는 환자들에게 병원과 의료진에 대한 신뢰를 심어줄 뿐 아니라, 환자들이 병원을 통해 새로운 건강과 자신감을 얻을 수 있도록 돕습니다. 우리는 단순히 치료의 기술을 제공하는 것이 아니라, 환자들의 삶에 긍정적인 변화를 만들어가는 데 목적을 두고 있습니다.

좋은 병원은 자신들이 추구하는 가치를 명확히 전달할 줄 안다고 생각합니다. 또한 환자들을 맞이하는 순간부터 치료를 마치고 병원 문을 나서는 모든 순간에 녹아들 수밖에 없다고 생각합니다. 우리가 할 수 있는 노력은 환자가 치과 방문을 단순한 치료를 넘어, 긍정적이고 감동적인 기억으로 받아들이도록 만드는 것입니다. 이처럼 환자가 예상했던 병원과 다른 모습의 세심한 배려와 따뜻함을 경험한다면, 많은 사람들을 주저하게 만드는 병원을 향한 두려움과 의심이 더 많이 희석될 수 있지 않을까요?

　정직이란 '남을 속이지 않으며 스스로에게 당당할 수 있는 행위를 하는 것'을 말합니다. 당연한 말 같지만 의외로 지키기 힘든 것이 이 정직 아닐까요? 왜냐하면 인간은 불완전한 존재니까요. 그렇다면 정직한 치과란 어떤 치과일까요? 병원과 환자들이 서로를 속이지 않는다는 믿음의 다리가 연결된 치과라고 생각합니다. 환자들은 치과가 자신에게 합리적인 가격에 좋은 치료를 제공하고 공정한 대우를 하고 있다고 생각할 때, 그곳을 자신의 주치의 치과로 정하게 됩니다.

　반면 만약 치과를 신뢰할 수 없으면 그 병원과의 관계는 끊어버리게 되죠. 병원 역시 환자들이 의사의 진단과 진료를 믿고 따를 때 더할 수 없는 만족감을 느끼게 마련입니다. 이렇듯 환자가 병원에 대해 원하는 것은 병원이 환자에게서 찾아야 하는 것과 일치합니다. 서로에게 공정한 관계, 바로 그것입니다. 이것이 우리 치과가 가장 바라고 원하는 정직한 치과의 모습입니다.

치과 방문을 망설이는 몇 가지 이유

한 환자가 있었습니다. 그녀는 치과 치료가 너무도 두려운 나머지 물에 치약을 타서 물고 있는 것으로 통증을 견디고 있었습니다. 심한 우울증 때문에 치과 치료를 미루고 미루다 생긴 결과였습니다. 병원을 찾은 그녀에게 그 사정을 자세히 들어보았습니다. 그랬더니 다른 큰 병원을 찾았다가 좋지 않은 경험을 한 적이 있다고 하더군요. 의사가 다른 환자들이 있는 상태에서 공개적으로 모욕감을 주는 언행을 한 모양이었습니다.

그녀는 너무나 수치스러운 나머지 홀로 화장실에서 소리 죽여 울기까지 했다고 합니다. 그런데 그 환자가 지금은 마치 아무 일도 없었던 듯 우리 병원에 와서 치료를 잘 받고 있습니다. 얼마나 흐뭇한 일인지 모르겠습니다. 사람과 사람으로 존중하는 관계가 되었다는 증거이기도 하니까요. 그렇다면 또 다르게 환자들이 이렇게까지 치과 방문을 꺼리는 이유는 무엇일까요. 그 이유 중 하나가 과잉 진료에 대한 우려입니다. 환자 상태와 무관한 과도한 치료를 권하는 사례가 전혀 없다고 할 수는 없으니까요. 또한 환자의 건강보다 수익을 우선시하는 치과에 대한 대중의 부정적인 인식도 한몫을 하는 듯합니다.

그러나 우리가 보기에 가장 불신의 이유는 '소통의 부족'이라고 생각합니다. 그래서 내인생치과는 진료의 과정과 치료 계획, 치료 후 관리에 대한 설명을 충분히 하려고 노력합니다. 환자의 의견을 무시하고 일방적인 진료를 하는 경우는 거의 없습니다. 그래서 우리 병원의 가장 큰 미션은 이러한 불신을 해소하는 것이 되었습니다. 만일 환자들이 진료 과정에 대한 신뢰를 갖게 된다면, 좀 더 가벼운 마음으로 우리 병원을 다시 찾을 수 있을 거라 생각하기 때문입니다.

투명함과 진정성으로 신뢰를 구축하다

그렇다면 어떻게 해야 환자들로부터 신뢰를 쌓을 수 있을까요? 앞선 미정 씨의 사례에서 볼 수 있듯 섬세하고 체계적인 치료 계획과 그 진행 과정을 환자들에게 숨김없이 보여주어야 합니다. 이때 치료 과정과 비용, 결과에 대한 명확한 설명을 하는 것이 신뢰를 회복하는 데 큰 도움을 줍니다. 그리고 여기에 '진정성' 있는 치료가 더해질 때 환자들은 비로소 마음에 남아 있던 의심을 조금씩 거두기 시작합니다. 엄마 품에 안긴 아이의 모습을 떠올려 보세요. 물론 의사와 환자의 관계가 이토록 가까워지는 것은 불가능합니다. 그러나 우리는 환자를 위해 그에 준하는 신뢰의 모습을 보여줄 수 있어야 합니다.

그래서 우리 병원은 병원을 내원하는 환자들에게 보내는 문자 하나에도 정성을 들이도록 노력합니다. 골목과 계단까지 표시하는 정확한 위치는 물론, 말투에도 친밀함과 편안함이 고스란히 전해지도록 정성을 다합니다. 병원의 대기실에는 언제든 꺼내볼 수 있는 단행본과 만화책이 항상 비치되어 있습니다. 치료 비용에 누구나 알 수 있도록 모든 진료 과정에 따른 합리적인 가격을 카운터에 비치해 두는 것도 이 때문입니다.

좀 더 나은 치과를 위한 우리의 노력

　우리 치과는 가능한 한 인위적인 마케팅을 최소화하려고 애를 쓰고 있습니다. 직원들에게 어떤 특별한 환대의 태도를 요구하지도 않습니다. 별도의 친절 교육을 시키지도 않습니다. 그저 우리와 비슷한 결을 가진 사람들을 더 많이 만나기 위한 소통을 하려고 노력할 뿐입니다. 예를 들어 임플란트 환자분들이 많다 보니 연세 때문에 귀가 잘 안 들리는 분들은 여러 번 물어보는 경우가 많습니다. 하지만 우리 직원들이 어떤 상황에서도 늘 웃으며 친절하게 대하는 모습을 보곤 합니다.

물론 보통 사람들보다 좀 더 까다롭고 예민하신 분들을 만날 때도 있습니다. 그럴 때면 직원들은 저희 원장의 인내심을 뛰어넘을 정도로 잘 응대해 줍니다. 가장 큰 이유는 우리 직원들의 심성이 착하기 때문입니다. 그런 직원분들을 볼 때면 감사와 존경이 절로 솟아납니다. 때로는 원장으로서 자긍심이 느껴지기도 합니다. 글로 표현하자면 일견 단순해 보이는 이런 태도들이 우리 병원을 가장 남다르게 만드는 부분이라고 생각합니다.

치과는 세상에 어떤 이로움을 줄 수 있는가

치과는 상대적으로 치료비 부담이 큰 병원에 속합니다. 저는 치과 역시 고객들에게 그런 가치를 전달할 수 있어야 한다고 생각합니다. 왜냐하면 그만한 비용을 지불하기 때문입니다. 그래서 저희는 항상 자문합니다. 우리는 어떤 만족을 고객들에게 전하고 있는지를 말이죠. 그것은 단순한 치료비용 그 이상의 무엇입니다. 병원을 오가면서 만나는 직원들의 따뜻한 말 한마디, 치료 과정에서 느끼는 안정감, 의사에 대한 온전한 신뢰와 믿음, 병원 계단을 내려가며 느끼는 흐뭇함 모두가 우리의 가치를 대변해 줄 때 비로소 우리 병원이 그 존재의 가치를 다할 수 있다고 생각합니다.

사실 구강 건강은 온몸의 건강과 밀접하게 연결되어 있습니다. 우리는 이런 구강 질환을 예방하고 치료하여 환자들의 전반적인 건강을 유지하는 일을 합니다. 정기 검진과 교육을 통해 치아와 잇몸 질환 등을 조기에 발견하고 예방하는 역할도 하죠. 건강한 치아는 제대로 된 식사를 가능하게 하며, 이는 영양 상태와 삶의 질을 높이는 데 필수적이기 때문입니다.

환자들의 자존감과 행복을 위하여

또한 치아 교정, 미백, 임플란트와 같은 치료는 환자의 외모를 개선하고 식사할 수 있는 기능과 자신감을 높여줍니다. 단순히 씹는 기능이 좋아지는 것만으로도 환자는 대인관계에서 더 자신감을 가지게 되고, 사회 활동에 적극적으로 참여할 수 있게 된다는 것은 참으로 놀랍고 반가운 일입니다.

우리는 환자들에게 올바른 칫솔질, 치실 사용, 식습관 관리 등 구강 건강에 대한 교육을 제공하여 질병 예방을 돕는 일도 합니다. 예방 중심의 진료를 통해 환자가 미래의 복잡하고 고비용 치료를 피할 수 있도록 돕습니다. 이처럼 치과 치료는 단순한 건강 관리가 아니라, 환자들의 삶에서 자존감과 행복감을 회복시키는 데 중요한 역할을 하고 있다고 생각합니다. 그것이 우리가 이 일을 매일매일 계속하고 있는 가장 큰 이유입니다.

하루는 40대 초반의 환자가 우리 병원을 찾아왔습니다. 당뇨와 흡연으로 거의 모든 치아가 다 무너져 있는 분이었습니다. 그나마 몇 개 남은 치아 역시 사실상 모두 발치해야 할 만큼 심각한 상황이었죠. 하지만 더 안타까운 건 환자의 마음가짐이었습니다. 어찌 보면 그는 삶을 포기한 것처럼 보이기도 했습니다. 그런데 나중에서야 누가 봐도 대단한 이력을 가진 분이라는 걸 알게 되었습니다. 대체 그동안 이 환자에게 무슨 일이 있었던 것일까요. 아무튼 과로와 스트레스로 인해 건강이 안 좋아지면서 당뇨가 찾아왔고, 이를 방치한 끝에 결국 지금의 상황에까지 이른 모양이었습니다. 옆에서 지켜보던 친척분이 이 모습을 보다 못해 억지로 그를 병원으로 데려온 상황이었습니다.

우리가 일하는 이유를 고민하다

사실 많은 사람들이 치아 건강은 내과나 외과 같은 치료에 비해 소홀히 여기는 경우가 많습니다. 아울러 신중하게 결정하다가 늦게 오시는 분들도 적지 않지요. 하지만 둑이 무너질 때도 그 시작은 아주 작은 구멍에서부터 비롯됩니다. 건강도 마찬가지입니다. 치아에 문제가 생겼다는 것은 그만큼 자신의 몸에 신경 쓰지 못할 만큼의 다른 어려움이 있었다는 말이기도 합니다. 하지만 이를 뒤집어 생각하면 치과를 찾는다는 것은 비로소 내 몸을 돌보기 시작했다는 작은 신호일 수도 있습니다. 그렇습니다. 우리 병원을 찾아왔다는 것은, 그리고 지속적으로 치료를 받는다는 것은 내 몸을 돌보고, 나아가 나의 일상과 삶 전체를 건강으로 되돌려놓기 위한 작은 몸부림이 물꼬가 시작되었다는 것입니다.

이 환자가 그랬습니다. 치료를 하면서 이분의 모습이 조금씩 달라지기 시작했습니다. 일단 걸음걸이와 목소리에 힘이 실리기 시작했습니다. 신경질적이었던 첫 만남과 달리 어느 날인가는 조심스럽게 치료 일정을 물어볼 정도로 다정한 모습을 보여주기도 했습니다. 얼마 지나지 않아 심심해서 다시 일을 해야겠다는 말까지 하시더군요. 이렇게 전에 없던 삶의 의욕을 보이는 모습을 지켜보니 그렇게 반가울 수 없었습니다.

이런 환자들을 만날 때면 우리도 설명하기 어려운 감사와 흥분, 그리고 보람을 느끼게 됩니다. 삶을 대하는 자세가 긍정적으로 달라진 사람을 보는 것처럼 기분 좋은 일도 없습니다. 그 신호가 곳곳에서 드러나기 마련이거든요. 그 결과 그 모습을 지켜보는 우리도 덩달아 신이 나게 됩니다. 그리고 우리가 하는 이 일이 얼마나 가치 있는지를 다시 한번 깨닫게 됩니다. 이것이 우리가 이 업을 통해서 누릴 수 있는 가장 확실한 행복이기도 합니다.

이러한 경험을 통해 우리는 우리 일의 가치를 다시 한번 확인하게 되었습니다. 그것은 우리의 치료가 누군가에게 새로운 삶에 대한 희망과, 기대, 의욕을 가져다줄 수 있다는 작지만 놀라운 발견이었습니다. 사람들은 치과 치료를 단순히 원래의 건강한 치아로 돌려놓는 것에만 관심 있어 합니다. 하지만 실제로는 그렇지 않습니다. 우리가 하는 치료 하나하나는 한 사람의 삶을 이전과 전혀 다른, 전혀 새로운 삶으로 인도하는 관문이 될 수도 있습니다. 사랑에 빠진 한 사람을 떠올려 보세요. 시험에 합격한 수험생, 연봉이 오른 어느 직장인의 발걸음을 떠올려 보세요. 세상이 달라 보이고 무엇을 하든 의욕이 넘칠 겁니다. 하지만 누군가는 이런 기쁨을 우리의 치과 치료를 통해서도 느낄 수 있게 되기를 바랍니다.

우리는 그저 치과에 대한 두려움과 공포를 이해하고 공감하는 데 좀 더 많은 힘을 쏟고 있습니다. 우리 병원을 남다르게 보이기 위해 이런 노력을 하는 것이 아닙니다. 그저 우리가 옳다고 생각하는 대로 일하면서 나타나는 조그만 차이일 뿐이라고 생각합니다. 좀 더 안심할 수 있는 치과 경험을 통해 치과 치료의 문턱을 낮추는 것이 우리의 목표입니다. 그 결과 더 많은 사람들이 치과 치료의 신뢰를 회복할 수 있기를 바랄 뿐입니다.

함께 일한다는 축복에 대하여

일은 혼자가 아닌 팀원들과의 협력, 소통, 그리고 성과를 공유하는 경험을 제공합니다. 자신의 기여가 인정받고, 동료나 상사로부터 칭찬을 받을 때 우리는 누구나 큰 기쁨과 동기부여를 느낄 수 있습니다. 자신의 일이 타인이나 사회에 긍정적인 영향을 미칠 때, 삶의 의미와 만족도가 증가하기 때문입니다. 일은 단순히 시간을 채우는 활동이 아닙니다. 개인의 삶에 목적과 의미를 부여합니다.

사람은 특히 자신의 가치관과 일의 목적이 일치할 때, 더 깊은 만족감을 얻을 수 있습니다. 예를 들어, 창의성을 발휘하거나 사회적 책임을 다하는 일을 통해 삶의 보람을 느낄 수 있습니다. 일은 규칙적인 일상을 제공하며, 삶에 안정감과 리듬을 줍니다. 복잡한 문제를 해결하거나 어려운 과제를 완수했을 때의 만족감은 일을 통해 얻을 수 있는 큰 보상 중 하나입니다. 그러므로 일은 자신이 되고자 하는 모습에 가까워지는 도구가 될 수 있습니다. 이를 통해 자신의 정체성을 확인하고 삶의 의미를 발견하기 때문입니다.

우리가 만난 적지 않은 환자들이 치료를 통해 일상의 의욕을 되찾았습니다. 개 중에는 새로운 삶의 이유를 찾은 사람도 있었습니다. 우리에게 필요한 것은 바로 그런 사람들을 치료하는 보람과 기쁨과 만족이었습니다. 단순히 생계를 잇기 위한 직업으로서가 아닌, 누군가의 삶의 일부를 책임지고자 하는 열망이 우리에겐 있었습니다.

우리 병원이 목표로 하는 것은 환자, 의사, 직원 모두가 만족할 수 있는 치과입니다. 이를 위해 우리는 단순한 치료를 넘어, 환자들에게 따뜻한 기억과 긍정적인 경험을 선사하려고 노력합니다. 치과는 단순히 아픔을 치료

하는 곳이 아니라, 환자들이 자신감을 되찾고 삶의 질을 높일 수 있도록 돕는 공간입니다. 우리는 이 철학을 기반으로, 환자들의 신뢰와 공감을 얻으며 앞으로도 따뜻한 의료 서비스를 제공할 것입니다.

마음이 빈틈없이 충만해지는 순간들

'만족하다' 할 때의 '만'이란 글자는 '가득 차다', '충분하다'는 의미를 가지고 있습니다. 물리적, 정신적으로 어떤 상태가 빈틈없이 채워져 있음을 나타냅니다. 또한 '족'이라는 글자는 원래 '발'을 뜻하지만, '충족하다', '족하다'라는 뜻으로 확장되어 사용됩니다. 필요하거나 바라는 것이 충족되어 부족함이 없는 상태를 의미합니다. 따라서 '만족'이라는 말은 단순히 물질적인 충족뿐 아니라 심리적, 정서적 충족을 포함한 상태를 나타냅니다. 오늘날 만족이란 단어는 단순히 가득 차서 부족함이 없는 상태를 넘어, 삶의 질과 행복감을 평가하는 주요 지표로 사용됩니다.

직원에게도 단순히 직장으로서의 치과가 아닌 삶의 한 부분을 채우는 공간과 가치를 느끼는 치과로서 자리매김하고자 합니다. 스스로의 성장과 다른 동료의 성장을 돕는 것, 그것으로 두 배의 기쁨과 즐거움을 누리는 것, 그러나 아직 우리는 갈 길이 멉니다. 아직 시작일 수도 있고, 때로는 방황과 혼돈을 겪을 수도 있을 것입니다. 그러나 이 책을 만들고자 했던 이유도 이런 저희의 생각과 목적이 흐트러지고 사그라질 때마다 다시금 돌아가 제자리로 찾아오게 만드는 나침반을 만들고자 했기 때문입니다.

이렇듯 우리는 환자들과 직원들이 내인생치과를 통해 신뢰와 만족, 정성과 인연이라는 소중한 가치를 경험하실 수 있기를 바라게 되었습니다. 물론 우리 병원은 의료장비나 기술적인 면에서 평균을 상회하는 실력을 갖추고 있다고 자부합니다. 그러나 이런 장비의 유무가 임상적으로도 유의미한 차이가 있는지는 애매할 때가 있습니다. 가장 중요한 것은 언제나 사람입니다. 환자들은 의사와 간호사, 병원 직원들의 태도에서 그 차이를 느낄 때가 많습니다. 신뢰나 만족이라는 말은 그저 텍스트로만 우리 주위를 맴돌 때가 많습니다. 그것이 우리와 환자들 간의 관계 속에서 살아 움직이지 않는다면, 그것은 그저 듣기 좋은 구호에 그칠 뿐입니다. 그래서 저는 이런 우리만의 가치를 어떻게 하면 환자들에게 전달할 수 있을지를 깊이 고민하고 있습니다.

직원을 대하는 마음과 자세

물론 우리는 병원에서 가장 중요한 것이 진료와 치료라는 사실을 단 한 번도 잊은 적이 없습니다. 때로는 우리가 먼저 치료했으면 훨씬 더 좋았겠다는 환자들을 만날 때도 있습니다. 하지만 같은 치과라도 병원마다 잘할 수 있는 진료의 영역은 다르기 마련입니다. 그래서 재치료를 요하는 환자들을 맞을 때면 더 큰 책임감을 느끼곤 합니다. 그러나 이런 실력은 마치 흐르는 강물을 거슬러 올라가는 연어처럼 그 자리에 머물러 있지 않습니다. 끊임없는 공부와 수련이 없으면 어제의 실력이 오늘까지 이어지지 않음을 우리는 잘 알고 있습니다. 또한 진정한 의료 질의 격차는 요란한 마케팅이 아닌 지속적인 수련과 윤리의식에서 온다고 믿습니다. 어떠한 경우에도 의사가 장사꾼이 되어서는 안 되는 이유도 여기에 있습니다.

그러나 그못지 않게 많은 시간과 자원을 주어야 할 대상들은 다름 아닌 직원들입니다. 우리의 실력과 진정성을 가장 가깝게 경험하는 사람들, 바로 우리의 부족함을 가장 잘 알고 있는 직원들입니다. 그래서 우리가 정직하다는 사실을 가장 먼저 믿게 해야 할 대상들 역시 직원들이라고 생각합니다. 만일 그게 가능하다면 굳이 과장해서 환자들을 설득하고 모을 이유도 없을 것입니다. 직원들의 우리 병원을 향한 믿음이 환자들에게도 고스란히 전해질 것이라 믿습니다.

우리는 직원들이 우리 병원의 철학과 가치를 이해하고 이를 실천할 수 있다면 자신의 역할이 사랑받는 병원을 만드는 데에도 중요하다는 것을 인식하게 됩니다. 이는 다시 직원들의 동기 부여와 참여로 이어질 거라 믿습니다. 그러면 팀 간 협업과 커뮤니케이션이 쉬워지면서 이를 통해 구성원 간의 소통이 원활해지게 될 겁니다. 이처럼 직원들은 환자들에게 병원의 가치를 전달하게 되고, 이는 긍정적인 경험으로 자연스럽게 이어지게 되겠지요.

아울러 병원이 의미 있는 경험과 개인의 성장 기회를 제공하면, 직원들은 좀 더 애정을 가지고 근무하고자 하게 될 것입니다. 그래서 우리 병원은 애써 우리의 존재를 세상에 알리기 위해 노력하지 않습니다. 마케팅과 홍보도 최소로만 진행합니다. 좋은 구성원을 통한 좋은 치료 결과를, 결국 환자들은 그 진정성을 알아줄 것이라 확신하기 때문입니다.

오늘도 병원 2층 계단을 내려오면서

오늘도 하루 일을 마친 후, 마지막 병원 전등의 스위치를 내리고 난 후 조용히 2층 계단을 내려옵니다. 그리고 그제야 가슴 한편이 가득 메워지는 충만한 기분을 만끽하며 집으로 가는 발걸음을 서두릅니다. 서초동의 밝고 활기찬 저녁 기운이 저를 가득 감싸고 있음을 느낍니다. 그리고 어쩌면 제가 그토록 열심히 살고 있는 이유를 발견합니다. 누군가는 이것을 보람이라고, 행복이라고, 만족이라고 느낄 그 기분을 만끽합니다.

세상에는 참 많은 병원이 있습니다. 치과의 수도 헤아릴 수 없이 많습니다. 그렇다면 우리 병원을 선택하는 수많은 환자분들은 어떤 생각으로 제가 내려온 그 계단을 오르고 있을까요. 저는 기도합니다. 그분들이 조금은 덜 두렵고 떨리는 마음으로 이 계단을 오를 수 있기를, 제가 오늘 느꼈던 그 충만함을 가지고 그 계단을 내려올 수 있기를 말입니다.

어쩌면 '만족'이란 매우 주관적인 기분을 나타내는 단어입니다. 눈에 보이지도 않고 온도처럼 측정되지도 않습니다. 그러나 저는 알고 있습니다. 어린 시절 알 수 없는 불안에 꼭 쥐었던 손이 풀리던 그 순간, 두려움 없이 치과를 찾을 수 있게 도와줬던 그 여자 의사 선생님이 준 것은 아주 생생한, 마치 귤 한 알처럼 선명한 만족이었습

5부.
강선아의 온도

강사, 연구자, 작가, 상담사, 부모 교육 전문가, 진로 코치 등 여러 방면에서 활동해 온 저자는 자칭 '프로 N잡러'다. 고객의 행복을 위해 쉼 없이 달려왔지만, 이 글을 통해 처음으로 '자신을 위한 선택'에 대해 돌아보게 되었다. 뇌종양을 앓는 아이와 함께 걸어온 넓고 깊은 삶의 여정은, 결국 믿음 안에서 더 단단한 사명으로 이어지고 있다.

니다. 저는 제가 경험했던 그 만족을 우리 치과를 찾는 환자분들에게, 함께 일하는 직원들에게, 그리고 이 글을 읽는 독자분들에게 나눠드리고 싶습니다. 그것이 제가 일하고, 살아가고, 때로는 행복해지는 가장 큰 이유임을 너무나 잘 알고 있기 때문입니다.

강선아의 프롤로그

　저는 자칭 프로 N잡러입니다. 강사, 연구자, 작가, 상담사, 부모 교육 전문가, 자기주도학습 코치, 진로 진학 코치, 아동 발달 전문가, 풍선 장식가 등등. 저는 이 일을 하며 어떻게 하면 고객을 만족시킬 수 있을까라는 고민을 쉴 새 없이 하며 최선을 다했습니다. 그리고 고객의 만족이 곧 저의 만속, 고객의 행복이 저의 행복이라고 생각하며 살아왔습니다. 하지만 저 자신을 위한 선택은 부족하다는 것을 이 책을 쓰는 동안 깨닫게 되었습니다.

어릴 적 저의 꿈은 캐리어를 끌고 온 세계를 다니며 선교를 하는 일이었습니다. 그리고 목회자가 되겠다는 남편과 함께 결혼한 후 남편과 함께 그 꿈이 이루어지는 줄 알았습니다. 그런데 결혼 후 제가 끌고 다닌 캐리어에는 입원을 위한 짐들, 풍선 장식을 위한 짐들, 강의와 연구를 위한 짐들, 요리를 위한 짐들로 가득 차 있었습니다.

저에게는 제가 한 우물을 파지 않고 이렇게 여러 가지 일을 하고 있는 것에 대한 자격지심이 있었습니다. 이러한 제게 "나는 깊게 파기 위해 넓게 파기 시작했다"라는 스피노자의 말이 큰 위로로 다가왔습니다. 제가 지금까지 걸어온 길의 시작에는 뇌종양으로 투병 중인 아이와 함께 넓게 걸어온 길이 있었다면, 이제는 그 아이와 함께 깊이 있는 삶을 걸어가는 지금이 있고, 그 길의 끝에는 "착하고 충성된 종아 네가 적은 일에 충성하였으매 내가 많은 것을 네게 맡기리니 네 주인의 즐거움에 참여할지어다. (마태복음 25:14-30)"라는 예수님이 있으리라 확신합니다.

발달지연아동을 위한 초록나라를 아시 나요?

저는 오랫동안 상담가로 강사로 발달이 느리거나 마음이 불편한 아동들과 부모님을 돕는 삶을 살아왔습니다. 그리고 이 일에 진심을 다해왔습니다. 왜냐하면 다른 사람도 아닌, 사랑하는 우리 아들이 뇌종양으로 오랫동안 비슷한 어려움을 겪었기 때문입니다. 저는 현재 이런 아동들을 위한 플랫폼 서비스를 준비하고 있습니다. 그런데 서비스 이름이 '초록나라'입니다. 무슨 뜻이냐고요? 일단 보통의 발달 범주에 있는 아이들을 우리는 파란 나라에 있다고 생각합니다. 그리고 발달지연 아동은 노란 나라에 산다고 가정합니다. 문제는 그 중간에 있는 초록 나라에 산다고 생각하는 아이들입니다. 왜냐하면 이 아이들은 갈 곳이 마땅치 않기 때문입니다. 파란 나라에 갔더니 "너는 노란 나라 아이인데 왜 여기에 왔어? 노란 나라로 가"라고 이야기합니다. 그래서 노란 나라에 갔더니 "너는 파란 나라 아이인데 왜 여기에 왔어? 파란 나라로 가"라고 이야기합니다.

초록나라에 사는 발달지연 아이들

이처럼 정상과 장애의 중간 어디쯤 있는 이 아이들은 서로 소통할 수 있는 장이 절대적으로 부족합니다. 제가 개발 중인 이 서비스는 아이가 어느 색의 나라에 가까운지를 판별한 후, 치료 가능한 센터까지 자동으로 추천해 줍니다. 물론 비슷한 플랫폼 서비스가 없지는 않습니다. 하지만 전국적인 서비스, 더구나 급증하는 다양한 종류의 장애아들을 진단하고 올바른 치료로 가이드하는 서비스는 매우 부족한 상태입니다.

예를 들어 발달지연 아동들은 최소한의 기본권을 지킬 수 있는 서비스를 제대로 받지 못하는 경우가 많습니다. 예를 들어 제가 살고 있는 거제시에서는 영유아 검진 시 심화평가나 추적검사 판정을 받아도 심화평가를 받을 수 있는 기관이 아예 존재하지 않습니다. 물론 국가에서는 지역 보건소를 통해 20~40만 원 상당의 치료를 무상으로 받을 수 있는 바우처를 제공합니다. 근처에 관련 기관이 없을 경우 타지에서 검사를 받고 영수증만 제출하면 검사비를 지원해 주지요. 하지만 이를 판단할 수 있는 평가 기관이 없을 경우엔 그 불편함이 이루 말할 수 없습니다.

그런데 제가 준비하고 있는 서비스를 활용하면 지역별 격차를 줄일 수 있는 데이터를 제공하는 것이 가능해집니다. 예를 들어 앱을 통해 발달지연 아동들의 전국적인 분포를 확인할 수 있습니다. 이를 통해 지역별 격차도 줄일 수 있지요. 이미 보건복지부에는 심화 평가가 가능한 기관과 병원의 리스트가 준비되어 있기 때문입니다. 이 서비스는 한 마디로 발달지연 및 발달장애 아동을 위한 배달의민족이나 카카오택시 같은 서비스입니다.

더는 남을 위해 살지 않기로 했습니다

하지만 여기까지 오는 데는 참 많은 방황과 좌절의 시간이 필요했습니다. 저는 나 자신이 누군가에게 최선을 다하면 그도 나에게 그러리라는 기대를 항상 가지고 살아온 사람이었습니다. 하지만 그동안 저는 제 욕구가 아닌 주변 사람들의 욕구를 충족시키는데 매몰되어 있었습니다. 타인과의 관계가 어려워지는 것에 대한 두려움이 있었기 때문입니다. 혹이라도 내가 원하는 바를 정확하게 전달할 경우 관계가 깨어질 것을 두려워했습니다. 그런데 그것은 스스로를 괴롭히는 선택인 경우가 많았습니다. 저는 그것을 생산성으로, 최선을 다하는 삶으로 포장해 왔던 것입니다.

하지만 이제 저는 더는 그러지 않기로 했습니다. 그렇

게 불필요한 관계에 선을 긋고 나니 오히려 길이 열리기 시작했습니다. 저는 그동안 발달지연 아동들을 위한 센터에서 일해왔습니다. 오로지 제가 일하는 센터가 잘되고, 아이들이 많이 오고, 수익을 내기 위해 혼신의 힘을 다해 일했습니다. 그 일을 위해 저는 밤을 새기도 하고, 주말에도 쉬지 않고 일을 해야 했습니다. 당연히 제 마음과 몸에 무리가 왔습니다. 그 결과 직원 3명이었던 센터는 16명의 직원을 둔 결코 작지 않은 규모로 성장했습니다. 그러나 조직 관리에 문제가 생기기 시작했습니다. 업무 경계가 명확하지 않은 상태에서 센터의 몸집만 비대해졌기 때문입니다.

장애와 비장애의 경계를 허무는 삶

이제 저는 단순히 센터 운영이나 치료 지원을 넘어서, 보다 체계적이고 지속 가능한 방식으로 발달지연 아동과 그 가족들에게 실질적인 도움을 줄 수 있는 플랫폼을 만들고자 합니다. 초록나라는 단순한 정보 제공을 넘어, 부모와 아이들이 신뢰할 수 있는 공간이 될 것입니다. 이 과정에서 저는 많은 시행착오를 겪었고, 불필요한 관계를 정리하며 진정한 도움이 무엇인지 깊이 고민하게 되었습니다. 이제는 아이들과 그들의 가족이 필요한 정보를 쉽고 빠르게 찾고, 신뢰할 수 있는 전문가와 연결될 수 있도록 돕는 것이 제 역할이라고 믿습니다. 앞으로도 초록나라는 장애와 비장애의 경계를 허물고, 모든 아이들이 자신에게 맞는 교육과 치료를 받을 수 있도록 지원하는 포괄적인 시스템을 구축할 것입니다. 작은 변화들이 모이면, 결국 큰 변화를 만들어낼 수 있다고 믿기 때문입니다. 그러나 여기까지 이르는 데는 적지 않은 고통과 희생의 시간이 필요했습니다.

12번의 이사

제가 결혼 후 처음으로 전화번호를 받았을 때였습니다. 그런데 뒷번호가 공교롭게도 2412였습니다. 주례를 해 주셨던 (고)하근호 목사님께서 이걸 보시고 '야 너 이사 12번 하겠다, 이삿짐센터에서 전화 오면 이 번호 얼른 팔아치워라' 이렇게 얘기하시더군요. 사실 그때는 조금 당황스러웠습니다. 그런데 설마 했던 일이 실제로 일어나고 말았습니다. 지금까지 저희 가족은 모두 16번의 이사를 했기 때문입니다. 하지만 지금까지도 우리 집을 구하지 못하고 있습니다. 그러니 앞으로 얼마나 더 많은 이사를 하게 될지 잘 모르겠네요.

내 인생의 원대한 계획

저는 부산에 있는 경성대 유아교육과를 졸업했습니다. 저는 원래 특수교육을 전공하고 싶었습니다. 하지만 부산에는 특수교육 전공이 없었고, 이화여대를 포함 세 곳만 특수교육과가 있었습니다. 그런데 할아버지가 딸아이 밖으로 돌리면 신세 망치니 안 된다고 대학을 가지 마라, 가더라도 부산으로 가라고 말씀하시더군요. 그래서 저는 3일간 단식 투쟁을 했습니다. 결국 할아버지가 제 방에 자물쇠를 다셨습니다. 그리고 '애비야, 니가 딸아이 잘못 키웠다'며 아빠를 혼내셨습니다. 그런데 그때, 아버지는 처음이자 마지막으로 할아버지한테 대드셨습니다. 제 자식은 제가 알아서 키웁니다, 라며 자물통을 뜯어내고 나오라고 하셨거든요.

결국 저는 대안으로 교회 고등부 선생님의 추천으로

경성대학교 유아교육과에 들어갈 수 있었습니다. 그 당시 부산대학교 유아교육과에는 학부에서 유아교육을 전공하고 현장에서 유치원 교사로 근무한 경험이 있는 교수가 없다는 이유로 경성대 유아교육과를 추천해 주셨습니다. 저는 일단 유치원 교사 3년을 하고 난 후 교원대 대학원을 가서 석사 전공을 하기로 계획했습니다. 그렇게 29살이 되면 유학을 가리라, 그래서 미국 컬럼비아 대학에 가서 유아교육을 전공할 생각이었습니다. 그 후 박사 학위를 받고 돌아와서 교수가 될 계획이었죠.

그런데 그때 지금의 남편을 만났습니다. 남편은 끊임없이 제게 프러포즈를 해왔습니다. 저는 전 세계를 돌면서 선교사님들 격려하고 도와주는 일을 하고 싶었습니다. 그 지역에 있는 선교사 자녀들을 모아서 선교사 자녀 학교를 만들고 싶다는 꿈이 있었습니다. 그런데 남편이 자기랑 결혼해서 그 일을 같이 해보자고 하는 게 아니겠습니까. 남편은 사기랑 같이 캐리어 끌고 온 세상을 함께 돌아다니자고 말했습니다. 그런데 바로 그 남편과 결혼하는 덕분에 캐리어를 끌고 다니고 싶었던 저의 꿈은 아득히 멀어지고 말았습니다.

같은 결혼, 다른 이유

사실 저랑 남편은 정말 많은 것이 달랐습니다. 그러나 밖으로 다니는 것 하나만큼은 둘 다 좋아했습니다. 특히 저는 많은 사람들을, 새로운 사람들을 만나는 것을 좋아합니다. 그러나 남편은 사람이 아닌 새로운 장소를 찾아가는 걸 좋아합니다. 그래서 많은 사람들이 남편을 도전 정신이 충만한 사람으로 오해하곤 합니다. 그러나 남편은 심하게 사람 낯을 가리는 사람입니다. 심지어 사람 만나는 걸 힘들어하는 성격이죠. 먼저 다가가지 않고, 절대로 가는 사람 잡지 않으며, 오는 사람 막지 않는 성격입니다. 만일 이 사람이 어떤 누군가에게 먼저 다가갔다면 그건 정말 진짜 큰 용기를 낸 것입니다. 그런 남편이 저에게 프러포즈를 한 번도 아니고 여러 번 했다는 것은 남편에게는 큰 용기가 필요한 일이었습니다. 결혼 전 저의 삶에는 자유가 없었습니다. 무서운 할아버지와 딸 바보

아버지가 다 큰 딸아이에게 걸어 놓은 통금 시간과 대가족 살림살이가 버거웠던 어머니의 집안일을 도와야 하는 저에게는 자유로운 삶이 간절했습니다. 남편이랑 결혼하면 제가 꿈꾸던 자유로운 삶이 펼쳐질 것 같았습니다. 그래서 남편과 결혼을 하게 되었고 결혼이 주는 자유가 정말 좋았습니다. 남편과 함께 부산 시내를 밤 12시가 넘도록 돌아다니며 놀았습니다. 그러다 12시가 되면 만세를 불렀습니다. 그때 남편은 자기랑 같이 캐리어 끌고 온 세상을 함께 돌아다니자고 말했습니다. 그런데 바로 그 남편과 결혼하는 덕분에 캐리어를 끌고 다니고 싶었던 저의 꿈은 아득히 멀어지고 말았습니다.

남편이 이스라엘 유학을 가다

어쨌든 결혼을 해서 첫해는 부산에서 살게 되었습니다. 제가 처음 신앙생활을 시작했던 교회에서 결혼을 하고 그 교회에서 남편의 첫 사역을 시작하였습니다. 어린 나이에 결혼을 하고 출산을해서인지 양가 부모님께서는 극진한 돌봄을 제공해 주셨습니다. 하지만 저도 남편도 부모를 떠나 한 몸을 이루라는 성경의 원리를 따라 독립된 가정을 원하고 있던 차에, 대구에 있는 교회로 사역지를 옮기면서 이사를 하게 되었습니다. 그렇게 첫 이사짐을 쌌는데 그때는 포장 이사가 없었습니다. 책과 짐은 많은데 그때는 탑차도 없었습니다. 그래서 2.5톤 트럭을 꽉 채워서 대구로 이사를 갔습니다. 마침 대구에 있는 교회 성도들이 이사를 도와주겠다고 나오셨습니다. 그런데 짐을 풀면서 집사님들이 빵빵 터지는 게 아니겠습니까. 큰 짐 안에 작은 짐을 넣어 차례차례 이삿짐을 만들어야 하는데 각각 따로 짐을 싸서 엄청나게 많아졌기 때문입니다. 그만큼 저는 이사에도, 세상 물정에도 눈이 어두운 사람이었습니다.

그렇게 남편은 대구에서 3년을 전임 목회자로 일했습니다. 그때 농협 직원 첫 월급이 70만 원 할 때였습니다. 그런데 남편 월급이 80만 원이었습니다. 최저 생계를 유지하면서 살다가 대구에서 둘째를 출산했습니다. 그런데 3년쯤 지나자 남편이 대뜸 이스라엘 유학을 가겠다고 했습니다. 자신이 먼저 가서 세팅을 해놓을 테니 따라오라는 겁니다. 나는 그런 줄만 알고 다시 시댁으로 들어갔습니다. 다시 유치원 교사를 하며 시댁에서 아이 둘과 시동생과 시누이, 시부모님과 함께 지내던 중 IMF가 터지고 국내 시국이 매우 불안정한 상황이 되었습니다. 먼저 이스라엘에 가 있던 선배 목사님들이 '우선은 귀국한 후 국내 경제 상황이 안정되고 난 후 다시 오던지 아니면 국내에서 사역하는 것이 좋겠다고, 한번 시작하면 10년 이상 걸리는 것이 이스라엘 유학'이라고 하는 조언을 듣고 남편은 8개월 만에 빈손으로 다시 돌아왔습니다.

첫째의 뇌종양 발병

남편은 한국에 돌아와서 다시 사역지를 찾았습니다. 이후 통영에서 부목사로 사역하던 중 첫째가 뇌종양이라는 것을 알게 되었습니다. 아이가 사시가 심해져 검사를 하다가 뇌종양을 발견한 것입니다. 서울대학병원에서 수술을 하면서 그때부터 투병이 시작되었습니다. 그렇게 한 달에 한 번씩 아이 검진을 위한 서울 생활을 하게 되었습니다. 그렇게 왔다 갔다 하다가 통영에서 2년 사역을 한 후 다시 부산으로 오게 되었습니다. 부산에 있는 남편 은사 목사님이 그렇게 시골에서 애 데리고 있다가 급한 일이 생기면 안 되니 일단 부산으로 나오라 하신 겁니다. 그래서 부산 대신동에 있는 교회에서 다시 부목사로 3년 동안 사역을 했습니다. 그때 새로 오신 담임 목사님이 고등부 은사 목사님이셨는데 이분이 서울 출신이셨습니다.

그런데 그 목사님이 사례 받은 거 다 차비로 쓴다고 충현교회에 자리가 났으니 지원해 보라고 하시는 게 아닙니까. 그때 충현교회는 우리 교단에서 대기업으로 치면 삼성 같은 그런 곳이었습니다. 그래서 아무나 갈 수 없는 곳이라고 생각을 했는데 목사님의 기도 덕분인지 덜컥 채용이 되었습니다. 이후 충현 교회로 가서 서울에서 8년을 살았습니다. 8년을 살면서 사택을 세 번을 옮겼습니다. 그 후 다시 필리핀으로 선교 훈련을 가게 됐습니다. 어쨌든 필리핀에 가서 또 2년을 살다가 다시 부산을

와서 부목사로 사역하며 5년을 살았습니다. 그러다 남편은 말할 수 없는 사정으로 더 이상 목회를 하지 않겠다고 선언을 했습니다. 그렇게 김해로 가서 10년을 사는 동안 3번의 이사를 또 하고, 남편이 다시 목회를 하게 되어 지금은 거제도에서 살고 있습니다.

부활절의 작은 기적

남편은 어느 날인가부터 '집시맨'이라는 TV 프로그램을 보기 시작했습니다. 전국에 있는 캠핑카를 타고 생활하는 사람들을 촬영하는 프로그램이었습니다. 가수 김씨가 메인 리포트가 되어 전국에서 캠핑카 생활하는 가족들을 한 주에 한 번씩 소개했습니다. 그때부터 남편은 캠핑카에 꽂혀서 나이가 들거나 아이들이 독립하고 나면 캠핑카를 타고 다니면서 살겠다고 했습니다. 이 도시에서 한 날, 저 도시에 일주일을 살겠다고 했습니다. 1년 중 6개월은 국내에서 살고, 6개월은 해외에서 살아보겠다고도 했습니다.

그런데 첫째가 6살 때, 둘째가 4살 때 뇌종양이 발병했습니다. 그때부터 제 인생은 완전히 달라졌습니다. 처음 뇌종양이 발병한 걸 알았을 때만 해도 저는 아이가 죽을 거라는 생각은 단 한 번도 하지 않았습니다. 그래서 저는 지금 서대문 교회에 계시는 은사 목사님을 찾아갔습니다. 그랬더니 목사님이 성경을 펼치시면서 '오늘 새벽 기도 내가 설교했던 말씀이야' 하고 읽어주신 구절이 있었습니다. 바로 '이때를 위한 믿음'이라는 말씀이었죠. 지금까지 신앙 생활을 해 오면서 네가 가져온 믿음이 이때를 위해 준비된 믿음이었다는 겁니다. 저는 그게 천둥 소리처럼 들렸습니다. 그리고 하나님이 살려주실 거야, 치료해 주실 거야 하는 믿음이 생겼습니다. 그래서 힘든 병원 생활을 진짜 미친 여자처럼 즐겁게 할 수 있었습니다.

아이는 그해 4월 첫째 주에 수술을 하기로 했습니다. 4월 1일에 입원해서 4월 2일에 수술을 하는 일정이었습니다. 그런데 그때가 마침 교회에서는 고난 주간이라고 부르는 부활절 직전 주간이었습니다. 의사는 수술을 하면 다양한 후유증이 생길 거고, 만에 하나 마취에서 깨어나지 않을 수도 있다고 말했습니다. 얼마나 걱정이 되었으면 밤에 야반 도주를 할까 하는 생각까지 했을까요.

그때 저희는 병원 2인실에 있었습니다. 남편과 함께 동의서를 쓴 후 언제나처럼 아이와 함께 기도를 했습니다. 그리고 아이에게 말했죠. '인혁아, 이제 내일은 머릿속에 있는 벌레 잡으러 수술을 하러 갈 거야. 그래서 잠 자는 약을 먹어야 돼. 근데 잠을 잘 때 꿈을 꾸잖아? 꿈에 예수님이 나타나서 너 데리러 오실 수도 있어. 그때 예수님이 나랑 같이 가자 하면 예수님 엄마한테 데려다주세요. 이렇게 얘기해야 돼' 라고 반복해서 가르쳐 주었습니다.

14시간의 수술을 마치고

다음 날 아이는 수술실로 들어가 14시간 동안 수술을 하고 나왔습니다. 그런데 아이가 깨어나지 않는 겁니다. 그대신 머리에 물이 차기 시작했습니다. 혼수 상태가 오고 뇌전증 환자처럼 경기까지 했습니다. 금요일이 되니 의사가 이 밤이 고비인데 못 넘길 것 같으니 가족들을 오라고 했습니다. 그리고 아이가 언제라도 세상을 떠날 수 있으니 병상을 지키라고 하더군요. 그때 처음으로 사람이 잠을 안 잘 수도 있다는 사실을 체험했습니다. 아이는 토요일 밤이 지나서도 깨어나지 않았습니다. 그렇다고 저를 떠나지도 않았죠. 의사는 혹시라도 깨어난다 해도 아이가 정상적인 생활을 하기 힘들 것 같다, 그러니 지금 보내는 게 아이를 위해서 더 좋을 수도 있다는 얘기까지 제게 했습니다. 그렇게 길고 긴 밤이 한동안 계속되었습니다.

그렇게 그 주의 일요일 아침이 밝았습니다. 당시는 남편이 통영에서 교회 사역을 할 때였습니다. 통상 부활절을 앞둔 고난 주간에는 월요일부터 금요일까지 예수님의 고난에 함께하는 의미로 금식을 한 후 부활을 앞둔 토요일부터 사람들이 비로소 식사를 시작하곤 합니다. 그런데 그날만큼은 우리를 위해 야유회 가던 교회 버스를 기도원으로 돌렸다고 하더군요. 그리고 교인들이 함께 우리 아이를 살려달라고 기도를 시작했다고 했습니다. 그런데 놀랍게도 기적이 일어났습니다. 일요일 아침 10시 45분, 아이가 눈을 반짝 뜬 후 엄마를 찾았던 것입니다. 의사들이 모두 뛰쳐나오고, 바로 교회에 전화를 하고, 한바탕 소동이 일었습니다. 11시가 교회 예배인데 15분 전 우리 아이가 깨어난 것입니다. 지금도 모두가 그해 부활주일을 역대급 축제 같은 날로 많은 사람들이 기억하고 있습니다. 그럼에도 의사는 자기 손으로 밥도 못 먹고, 걸어서 화장실도 못 간다며 큰 기대는 하지 말라고 저희를 타이르고 있었습니다.

열흘만의 퇴원

하지만 아이는 엄마 아빠의 이름을 고스란히 기억하고 있었습니다. 덧셈과 뺄셈도 했습니다. 심지어 집 전화번호까지 꼬박꼬박 다 대답하는 게 아니겠습니까. 그제서야 주치의는 인지 능력은 괜찮은 것 같다고 말해주었습니다. 그때 아이가 목이 마르다며 물을 달라고 했습니다. 그리고 갑자기 등이 가렵다고 하더군요. 간호사가 '너 돌아 돌아누울 수 있겠니?' 하고 묻자 돌아눕기까지 했습니다. 그러자 의사는 그 즉시 호흡기를 포함해 모든 기계 장치를 제거했습니다. 그리고 소변줄만 남기고 중환자실에서 직접 걷게 했습니다. 그리고 그 길로 바로 걸어서 일반실로 올라갈 수 있었습니다. 병원이, 그리고 교회가 다시 한번 난리가 났습니다. 그렇게 열흘 만에 머리에 수술용 스테플러 27개를 꽂은 채로 우리 아들은 병원을 나올 수 있었습니다.

물론 아이는 25살이 될 때까지 서울대 병원을 3개월에 한 번씩 꾸준히 다녀야 했습니다. 약을 타기 위해 서울을 왔다 갔다 하는 생활을 반복해야 했죠. 이런 경험 탓인지 저는 먼 길을 오가는 것이 하나도 두렵지 않습니다. 달랑 캐리어 하나 끌고 아이 손을 잡은 채 서울에 있는 병원을 잘도 다녔기 때문입니다. 다행히 서울에 계신 지인 목사님들이 돌아가면서 우리 가족을 도와주었습니다. 누군가는 재워주고, 누군가는 데려다주고, 누군가는 63빌딩과 롯데워드에 같이 놀러 가주고, 한강 유람선을 태워 주기도 했습니다.

새로운 사업을 시작한 이유

당시 병원에서 함께 투병했던 아이 중에 OO이라는 아이가 있었습니다. 우리 아이보다 두 살이 많은데 발병한 지 3년 만에 결국 하늘나라로 떠났습니다. 그런데 너무나도 소중한 아이였던 나머지 그 집에서는 OO이라는 이름이 금기어가 되어 있었습니다. 너무도 아프고 슬픈 기억이기에 가족 중 그 누구도 OO이에 대해서 얘기하지 않았던 겁니다. 그래서인지 OO 엄마는 자기 아이가 보고 싶을 때마다 우리 집을 찾았습니다. 그리고 같이 밥도

먹고 우리 아이와 놀아주곤 했죠. 우리 집에 오면 그이는 여전히 'OO이 엄마'였기 때문이었습니다.

OO엄마와 인혁이의 소원

그런데 함께 투병했던 아이의 엄마 중 OO엄마라는 분이 있었습니다. 그런데 어느 날 OO엄마가 우리 아이에게 너는 소원이 뭐야? 하고 물어본 모양이었습니다. 그랬더니 인혁이가 '이모, 나 미국 가고 싶어요.' 대답을 했습니다. 당시만 해도 여름 방학 때면 인혁이의 같은 반 친구 30명 중에 고작 12명이 교실에 남아 있곤 했습니다. 많은 학생들이 어학연수다 뭐다 해서 해외로 떠났기 때문입니다. 이런 얘기를 들은 OO 엄마가 '그래? 그렇구나, 너는 미국 가고 싶구나' 하고 답하는 것으로 이야기는 끝이 난 듯했습니다. 그런데 OO 엄마가 연세대 신학과 동문회 카페에 글 하나를 올렸다는 사실을 나중에야 알게 되었습니다.

그 카페에는 미국에서 유학하거나 목회하는 걸어 엄

마의 목사 선후배들이 많이 있었습니다. OO 엄마는 당신들이 사는 미국의 일상생활이, 한국 서울에 있는 12살 남자아이에게는 평생 이루고 싶은 소원이다, 그러니 감사하면서 살아야 한다는 글을 카페에 올렸습니다.

그런데 이 글이 일파만파 사람들에게 퍼져나가기 시작했습니다. 결국 이 글은 돌고 돌아 미국인 목회를 하는 어느 목사에게까지 이어졌습니다. 그리고 그 목사님이 설교 시간에 우리 아이 이야기를 했던 모양입니다. 그런데 이 설교를 들은 성도 중 한 사람이 어느 글로벌 보험회사의 동아시아 디렉터였던 모양입니다. 이분이 마음에 감동을 받아 자신의 비행기 마일리지 전부를 기부하기로 했습니다. 무려 미국 왕복이 가능한 정도의 마일리지였습니다. 그렇게 우리 아이는 기적처럼 미국에 가는 기회를 얻게 되었습니다.

하지만 이런 일이 있었음에도 인혁이는 바로 미국을 가지 못했습니다. 마침 병이 재발했기 때문이었습니다. 하지만 우리 아이를 위해 기도하는 미국 교회가 생겨났습니다. 다행히 120일 동안의 방사선 치료를 받은 후 여름 방학이 되자 드디어 미국을 갈 수 있게 되었습니다. 그런데 아픈 아이만 갈 수 없어 엄마도, 엄마만 갈 수 없어 어린 두 동생도 함께 미국을 가게 되었습니다. 비행기 마일리지가 모자라자 이번엔 보험회사의 사회공헌재단이 나섰습니다.

그런데 이번엔 비자가 문제가 되었습니다. 저희 집 통장 잔고가 비어 있었기 때문입니다. 불법 체류에 대한 우려 때문에 비자가 나오지 않았던 것이죠. 그러자 이번엔 뉴저지주 주지사가 보증을 서기에 이르렀습니다. 그렇게 3개월짜리 특별 비자를 어렵게 받아 우리 가족은 결국 미국에 갈 수 있었습니다. 그해 인혁이는 3주에 걸쳐 뉴욕과 뉴저지를 여행하고 돌아왔습니다. 또 한 번 긴 병을 이겨낼 힘을 얻을 수 있는 행복한 기회였습니다. 또한 이를 계기로 저는 한국 메이크 위시 재단에서 소아암과 난치병 아이들의 소원을 들어주는 봉사활동을 시작하게 되었습니다.

우리 아이는 투병 생활 중 종종 척수 검사를 받곤 했습니다. 그때마다 등에 큰 주사기를 꽂아서 척수를 뽑아

내야 했죠. 그런데 그게 너무 고통스러웠던 모양이에요. 그런데 한 번은 봉사활동을 온 삐에로 아저씨가 자원봉사로 강아지 풍선을 만들어주었는데 인혁이가 이 풍선을 쳐다보느라 주사 바늘을 꽂는 줄로 모르고 지나가는 게 아니겠습니까. 순간 저는 풍선을 배워야겠다, 그래야 애가 아프지 않겠다는 생각을 했습니다. 그렇게 알음알음 물어 물어가면서 서울에 있는 압구정 현대백화점 문화센터에 풍선 아트를 배우러 갔습니다. 그런데 제 사연을 들은 강사가 무료로 풍선 아트를 가르쳐 주는 게 아니겠습니까. 그렇게 만들어진 봉사팀과 함께 저는 지금도 전국을 다니고 있는 중입니다.

내가 새로운 사업을 시작한 이유

우리는 세상을 살아가면서 다양한 사람들을 만납니다. 어떤 이들은 명확한 사회적 기준 속에서 살아가지만, 또 다른 이들은 보이지 않는 경계선 속에서 자리 잡지 못한 채 떠돕니다. 특히, 발달지연 아동들은 그 어느 쪽에도 속하지 못한 채 적절한 지원을 받지 못하고 있습니다. 이들은 정상 범주와 장애 범주의 중간에 머물러 있지만, 그들을 위한 마땅한 공간이나 시스템은 부족한 현실입니다. 저는 발달 정도가 정상 범주에 속하는 아이들을 "파란 나라 아이", 장애 범주에 속하는 아이들을 " 노란 나라 아이"라고 임의로 명명했습니다. 하지만 그 사이 어딘가에 있는 아이들은 어디로 가야 할까요? 그들을 위한 '초록나라'가 필요합니다.

'초록나라' 서비스는 단순한 진단 시스템이 아닙니다. 장애 진단의 경계를 허물고, 각 아이에게 맞는 최적의 지원을 제공하는 것이 목표입니다. 의료와 교육 시스템의 지역 격차를 줄이고, 부모들이 보다 쉽게 치료 정보를 얻을 수 있도록 돕는 디지털 공간을 만들고자 합니다. 이 길을 걷기까지 수많은 시행착오와 고민이 있었습니다.

저는 오랜 시간 발달을 연구하고 발달지연 아동을 위한 병의원 부설 발달센터에서 일하면서 제도가 따라주지 않는 현실을 직접 경험했습니다. 교육과 치료의 필요성을 절감했지만, 기존 시스템 안에서는 해결할 수 없는 문제들이 너무나 많았습니다. 그래서 저는 스스로 이 문제를 해결하기 위한 길을 찾기 시작했습니다. 때로는 좌절했고, 때로는 길을 잃기도 했지만, 결국 해답은 다시 아이들에게서 찾게 되었습니다. 이제 저는 단순히 서비스를 제공하는 것이 아니라, 이 사회에서 보이지 않는 이들을 위한 새로운 길을 개척하는 역할을 하고 싶습니다. 그리고 이 책을 통해 왜 이런 시스템이 필요한지, 그리고 어떻게 우리가 함께 변화를 만들어갈 수 있을지 이야기하려 합니다.

지속 가능한 변화와 나아갈 방향

발달지연 아동을 위한 환경은 단순한 진단과 치료의 문제가 아닙니다. 이는 사회적 인식의 변화와 함께 가야 하며, 부모와 아이들이 보다 쉽게 접근할 수 있는 정보와 자원을 갖추는 것이 중요합니다. 초록나라가 목표하는 것은 단순한 플랫폼이 아닌, 아이들이 보다 나은 환경에서 성장할 수 있도록 지원하는 포괄적인 시스템입니다. 앞으로 저는 이 프로젝트를 통해 단순히 진단과 치료를 넘어서, 발달지연 아동들이 더욱 자율적이고 독립적인 삶을 살아갈 수 있도록 돕는 다양한 프로그램을 마련할 계획입니다. 교육, 직업 훈련, 사회적 연계망 형성까지 아우르는 생태계를 구축하는 것이 궁극적인 목표입니다.

지금까지 이 길을 걸어오면서 수많은 도전과 난관이 있었습니다. 하지만 저는 확신합니다. 작은 변화들이 모이면, 결국 큰 변화를 만들어낼 수 있습니다. 이 책이 여러분에게 발달지연 아동을 바라보는 새로운 시각을 열어주고, 함께 고민하고 행동할 수 있는 계기가 되길 바랍니다. 우리의 작은 노력이, 누군가의 삶에 큰 희망이 될 수 있기를 바랍니다.

지금까지 제가 발달지연 아동을 위한 플랫폼 '초록나라'를 개발하게 된 과정과, 이를 통해 봉사와 선교의 의미를 탐구하는 이야기를 적어 보았습니다. 저는 발달지연 아동들을 돕기 위한 진단 및 치료 연계 플랫폼을 개발하고 있습니다. 이를 통해 정상발달 범주와 장애발달 범주의 중간 단계에 있는 아동들이 적절한 지원을 받지 못하는 현실을 개선하기 위해서입니다. 또한 의료 및 교육 인프라의 지역 격차를 조금씩 줄여가고 싶습니다.

저는 발달지연 아동 센터에서 일하며 조직 운영의 어려움을 직접 경험했습니다. 또한, 타인의 기대를 충족하는 데 집중하며 제 자신의 행복을 희생해 왔음을 깨닫게 되었습니다. 이후 불필요한 관계를 정리하고, 진정으로 원하는 길을 찾으면서 더 지속 가능하고 효과적인 방식으로 장애 아동을 돕는 길을 모색하게 되었습니다.

타인에게 기쁨과 희망을 주는 삶

삶의 불확실성 속에서도 저는 12번을 넘어 16번 이사를 경험하며 변화에 적응하는 법을 배웠습니다. 또한, 결혼과 함께 계획했던 인생의 방향이 예상과 다르게 흘렀지만, 이를 받아들이며 선교와 봉사의 길을 선택했습니다. 남편과 함께 전 세계를 돌며 봉사하는 꿈을 꾸었지만, 현실은 기대와 달랐습니다. 그럼에도 저는 끊임없이 사회적 약자를 돕는 일에 헌신하며 제 삶을 설계해 나갔습니다.

가족의 시련도 제 인생에 큰 영향을 미쳤습니다. 첫째 아이가 뇌종양 진단을 받으며 가족의 삶은 급격히 변화했습니다. 병원 생활과 치료 과정을 통해 신앙과 공동체의 힘을 경험했고, 기적처럼 아이가 깨어난 부활절 아침의 경험은 삶과 믿음의 의미를 다시금 깨닫는 계기가 되었습니다. 또한, 병원에서 만난 한 어머니의 도움으로 아이의 미국 여행 소원이 이루어지는 기적을 경험하면서, 난치병 아동들의 소원을 들어주는 봉사활동을 시작하게 되었습니다. 아이의 치료 과정에서 삐에로 봉사자를 통해 풍선 아트가 아이들의 두려움을 줄일 수 있음을 깨닫게 되었고, 이후 이를 배우고 전국을 다니며 아이들을 위한 봉사 활동을 이어가고 있습니다.

저는 이 과정에서 작은 행동이 사람들에게 기쁨과 희망을 줄 수 있음을 깨달았고, 이를 통해 봉사의 의미를 다시금 되새기게 되었습니다. 결론적으로, 저는 발달지

# 에필로그

연 아동을 위한 플랫폼을 개발하고, 사회적 문제를 해결하는 일에 헌신하며, 제 경험을 통해 더 많은 사람들에게 희망을 주는 길을 찾고 있습니다. 예상치 못한 어려움을 겪었지만, 이를 통해 더 많은 사람을 돕는 삶의 방향으로 전환하게 되었으며, 봉사와 나눔을 통해 제 경험이 사회적 가치를 창출할 수 있음을 깨닫게 되었습니다. 저는 제가 받은 도움을 다시 사회에 환원하며, 더 나은 세상을 만들기 위해 앞으로도 노력하는 삶을 살아갈 것입니다.

에필로그 – 나만의 온도로, 나만의 속도로

　이 책을 마무리하며, 우리는 다시금 '일의 온도'라는 단어를 곱씹어 본다. 너무 뜨겁지도, 너무 차갑지도 않은, 우리만의 적정한 온도로 나아가는 것. 이 온도를 찾는 과정에서 우리는 시행착오를 겪었고, 때로는 지치기도 했다. 그러나 결국 깨달았다. 중요한 것은 속도가 아니라 방향이라는 것을.

처음 이 길을 걸을 때 우리는 단순히 생계를 위한 직업인으로서 출발했다. 하지만 시간이 지나면서 단순한 일이 아니라 나만의 철학과 가치를 담은 일이 되었다. 아이들에게 영어를 가르치는 것이 단순한 지식 전달이 아니라, 생각하는 법을 가르치고, 성장하는 법을 돕는 일이 되어야 한다는 것을 깨달았다. 그리고 그 과정에서 나도 성장하고 있었다.

우리는 각자 자신만의 일과 삶을 살아간다. 그리고 그 속에서 끊임없이 '나는 무엇을 좋아하는가?', '나는 무엇을 잘하는가?', '나는 어떻게 살아야 하는가?'를 스스로에게 묻는다. 하지만 그 답을 단번에 찾을 수는 없다. 끊임없이 경험하고, 고민하고, 다시 정의하는 과정을 통해 조금씩 나아갈 뿐이다.

이 책을 읽은 독자들도 각자의 자리에서, 자신만의 온도를 찾기 위해 노력하고 있을 것이다. 우리는 이 글을 마치면서 독자들에게 묻고 싶다.

"지금 당신의 온도는 몇 도인가요?"

너무 뜨겁게 달려와 지쳐버리진 않았는지, 너무 차갑게 식어버려 무기력해지진 않았는지. 그리고 그 온도가 정말로 당신이 원하는 온도인지. 이 책이 당신의 온도를 찾는 데 작은 도움이 되었기를 바란다. 그리고 무엇보다, 당신이 당신 자신을 더 이해하고, 더 사랑하게 되기를 바란다. 우리는 결국, 나답게 일하고, 나답게 살아갈 때 가장 빛이 나니까.